中国风景名胜区游览手册⑥

贵州省

中国风景名胜区协会　编著

中国建筑工业出版社

本册编委会

中国风景名胜区协会联系地址：

北京市三里河路13号中国建筑文化中心C座8002室(100037)

北京市海淀区首体南路9号主语国际7号楼7层(100048)

电　　话：010-58934125/88082759/68790496

传　　真：010-58934125/88082759/68790496

电子邮箱：china_fjms@163.net

序　言

中国山河壮丽、景观奇特、历史悠久、文化灿烂，具有丰富的风景名胜资源，这是大自然和前人留给我们的宝贵遗产。正如温家宝总理所指出的“风景名胜区集中了大量的自然和文化遗产，是自然史和文化史的天然博物馆”。国务院2006年颁布的《风景名胜区条例》中，明确指出风景名胜区是“具有观赏、文化或者科学价值，自然景观、人文景观比较集中，环境优美，可供人们游览或者进行科学、文化活动的区域”。自1982年以来，国务院先后七次公布了208个国家级风景名胜区，各省、自治区、直辖市也设立了701个省级风景名胜区，我国风景名胜区的总数已经达到909个；其中有30处国家级风景名胜区被联合国教科文组织世界遗产委员会列入《世界遗产名录》。风景名胜区吸引着大量中外游客络绎前往，其自然与历史、人文资源越来越被社会所关注。

切实保护和合理利用风景名胜资源，对于改善生态环境，发展旅游业，弘扬民族文化，激发爱国热情，丰富人民群众的文化生活具有重要的意义。中国风景名胜区协会组织编著这套《中国风景名胜区游览手册》工具书，对于保护、宣传、推广和展示风景名胜资源，必将起到十分积极的推动作用。

住房和城乡建设部副部长　**仇保兴**

2010年8月1日

前　言

《中国风景名胜区游览手册》(后简称《游览手册》)是我国风景名胜区行业首次以整体形象和统一品牌面向广大游客出版发行的游览手册，也是我国风景名胜区行业权威、全面和实用的游览系列工具书。《游览手册》集中收录了我国国家级和部分省级风景名胜区最新的游览资讯及各类综合信息，全面反映了我国风景名胜区珍贵的风景名胜资源价值和游览服务水平，以满足日益增长的国内外游客自助旅游的需求。

《游览手册》按照地理和省区行政区划分布，整合各类风景名胜资源，将风景名胜区分若干个区片组成分册陆续出版。《游览手册》以图片和文字形式展示了风景名胜区的自然和人文资源特征，翔实地介绍了风景名胜区的资源概况、主要景点、精品线路、门票及观光车票价格、区内交通、住宿餐饮、旅游购物、安全救助和景区游人中心情况，并为读者提供详细的交通区位、导游图以及风景名胜区管理机构的通信方式、游览咨询点、游客投诉点、医疗服务点、电子邮箱、门户网站等相关信息。

为方便风景名胜区游客个性化的游览查询，满足广大游客自助旅游的需求，《游览手册》特别增加了风景名胜区自驾车旅游服务涉及的交通站点（包括车、船、索道等）、停车场、加油站、汽车修理以及配套设施的翔实资讯；向游客推介风景区的特色观赏和体验、民族民俗展演活动及"农家乐"、家庭旅馆等；同时，简述风景区的季节和气候特点，为游客提供景区历年月平均气温值及游客穿衣提示、住宿选择；推荐特色美食和当地景区的名、优、特产品等。

《游览手册》的出版得到了各省区风景名胜区管理机构、各级建设行政主管部门以及相关单位、部门的大力支持和协助，为此，特表示由衷的谢意。

目　录

贵州省

贵州省 GUIZHOU

贵州省风景名胜区概况

贵州省位于中国的西南部，东毗湖南，南邻广西、西连云南、北接四川和重庆，总面积为17.6万平方公里，常住人口约3800万人，有汉、苗、布依、侗、土家、彝等18个世居民族。贵州地处云贵高原东部，岩溶（喀斯特）地貌发育非常典型，属亚热带温湿季风气候区，植被类型多样，物种丰富。

贵州山川壮丽，人文荟萃，风景环境秀美，民族风情浓郁，气候条件宜人，适合旅游度假。全省现有国家级风景名胜区18处（含2处世界自然遗产地和1处世界非物质文化遗产地）和省级风景名胜区53处，是名副其实的风景名胜资源大省。有黄果树瀑布、荔波喀斯特、赤水丹霞、织金洞、镇远古城、遵义会议会址等一大批国内外著名的旅游目的地，是建设旅游大省的主要载体。随着城镇化进程和“县县通高速”战略的逐步实施，景区基础设施和旅游服务设施大为改善，是开展观光度假旅游、生态休闲旅游、红色文化旅游、乡村民俗旅游的好去处。

贵州省主要风景名胜区基本情况表
（2011年）

序号	风景名胜区名称	级别	区位	面积（平方公里）	审定公布时间	主要景区
1	黄果树风景名胜区（国家自然与文化双遗产地）	国家级	安顺市 镇宁县 关岭县	115	1982年国务院审定公布	大瀑布、石头寨、天星桥、滴水滩、坝陵河峡谷和郎宫
2	织金洞风景名胜区（国家自然遗产地）	国家级	毕节市 织金县	201	1988年国务院审定公布	下天宫、一线三槽、下红岩峡谷、三岔河水库
3	㵲阳河风景名胜区	国家级	黔东南州 镇远县 施秉县 黄平县	510.2	1988年国务院审定公布	上㵲阳、飞云崖、杉木河、云台山、下㵲阳、铁溪、高过河
4	红枫湖风景名胜区	国家级	贵阳市 清镇市 安顺市 平坝县	200 含水面 57.2	1988年国务院审定公布	北湖、中湖、南湖、后湖
5	龙宫风景名胜区（国家自然与文化双遗产地）	国家级	安顺市 西秀区	60	1988年国务院审定公布	龙门飞瀑、天池水溶洞、漩塘田园风光、蔡官地戏
6	荔波樟江风景名胜区（中国南方喀斯特世界自然遗产地）	国家级	黔南州 荔波县	118.8	1994年国务院审定公布	小七孔景区、大七孔景区、水春河景区和樟江风光带
7	赤水风景名胜区（中国丹霞世界自然遗产地）	国家级	遵义市 赤水市	328	1994年国务院审定公布	赤水大瀑布（十丈洞）、四洞沟、佛光岩（五柱峰）
8	马岭河峡谷—万峰湖风景名胜区	国家级	黔西南州 兴义市 安龙县	450	1994年国务院审定公布	马岭河峡谷、东西峰林、万峰湖
9	都匀斗篷山—剑江风景名胜区	国家级	黔南州 都匀市	198.37	2004年国务院审定公布	胡广峡谷景区、马腰河峡谷景区、黄河谷景区、天池景区
10	九洞天风景名胜区	国家级	毕节市 大方县 纳雍县	86.2	2004年国务院审定公布	九洞天、总溪河、梯子岩
11	九龙洞风景名胜区	国家级	铜仁市 铜仁市	56	2004年国务院审定公布	九龙洞景区、六龙山景区和锦江景区
12	黎平侗乡风景名胜区	国家级	黔东南州 黎平县	156	2004年国务院审定公布	肇兴—地坪、茅贡—坝寨、岩洞—口江、八舟河—天生桥
13	紫云格凸河穿洞风景名胜区（国家自然与文化双遗产地）	国家级	安顺市 紫云县	56.8	2005年国务院审定公布	大穿洞景区、大河景区、小穿洞景区、妖岩景区

续表

序号	风景名胜区名称	级别	区位	面积（平方公里）	审定公布时间	主要景区
14	平塘风景名胜区（国家自然遗产地）	国家级	黔南州平塘县	110	2009年国务院审定公布	“藏字石”景区、龙塘景区、甲茶—燕子洞景区、大窝凼景区、甲青—六硐景区、拉安景区和“玉水金盆”
15	石阡温泉群风景名胜区	国家级	铜仁市石阡县	54	2009年国务院审定公布	石阡温泉与古建筑群、凯峡河景区、楼上古村落景区、鸳鸯湖景区
16	沿河乌江山峡风景名胜区	国家级	铜仁市沿河县	102.2	2009年国务院审定公布	夹石峡、黎芝峡、银童峡、土坨峡、王坨峡
17	瓮安江界河风景名胜区	国家级	黔南州瓮安县	133.9	2009年国务院审定公布	江界河景区、猴场会议会址景区、穿洞河景区
18	榕江苗山侗水风景名胜区	国家级	黔东南州榕江县	174	2009年国务院审定公布	三宝千户侗寨景区、宰荡侗族大歌景区、七十二寨侗乡景区、都榕景区、龙塘奇观景区、十里百瀑景区
19	百花湖风景名胜区	省级	贵阳市乌当区清镇市金阳新区	150.4	1987年省人民政府审定公布	
20	花溪风景名胜区	省级	贵阳市花溪区	72.1	1990年省人民政府审定公布	
21	梵净山—太平河风景名胜区	省级	铜仁市江口县	75	1995年省人民政府审定公布	
22	余庆大乌江风景名胜区	省级	遵义市余庆县	106	2000年省人民政府审定公布	
23	仁怀茅台风景名胜区	省级	遵义市仁怀市	44.5	2000年省人民政府审定公布	
24	湄潭湄江风景名胜区	省级	遵义市湄潭县	108	2003年省人民政府审定公布	
25	雷山风景名胜区	省级	黔东南州雷山县	63	2003年省人民政府审定公布	
26	贵州屋脊赫章韭菜坪风景名胜区	省级	毕节市赫章县	101.7	2003年省人民政府审定公布	
27	开阳风景名胜区	省级	贵阳市开阳县	80.3	2000年省人民政府审定公布	
28	贞丰三岔河风景名胜区	省级	黔西南州贞丰县	38.2	1990年省人民政府审定公布	
29	屯堡风景名胜区		安顺市西秀区平坝县	申报50.2	正在申报国家级风景名胜区	
30	麻江下司风景名胜区		黔东南州麻江县	66.6		

贵州省风景名胜区现状分布图

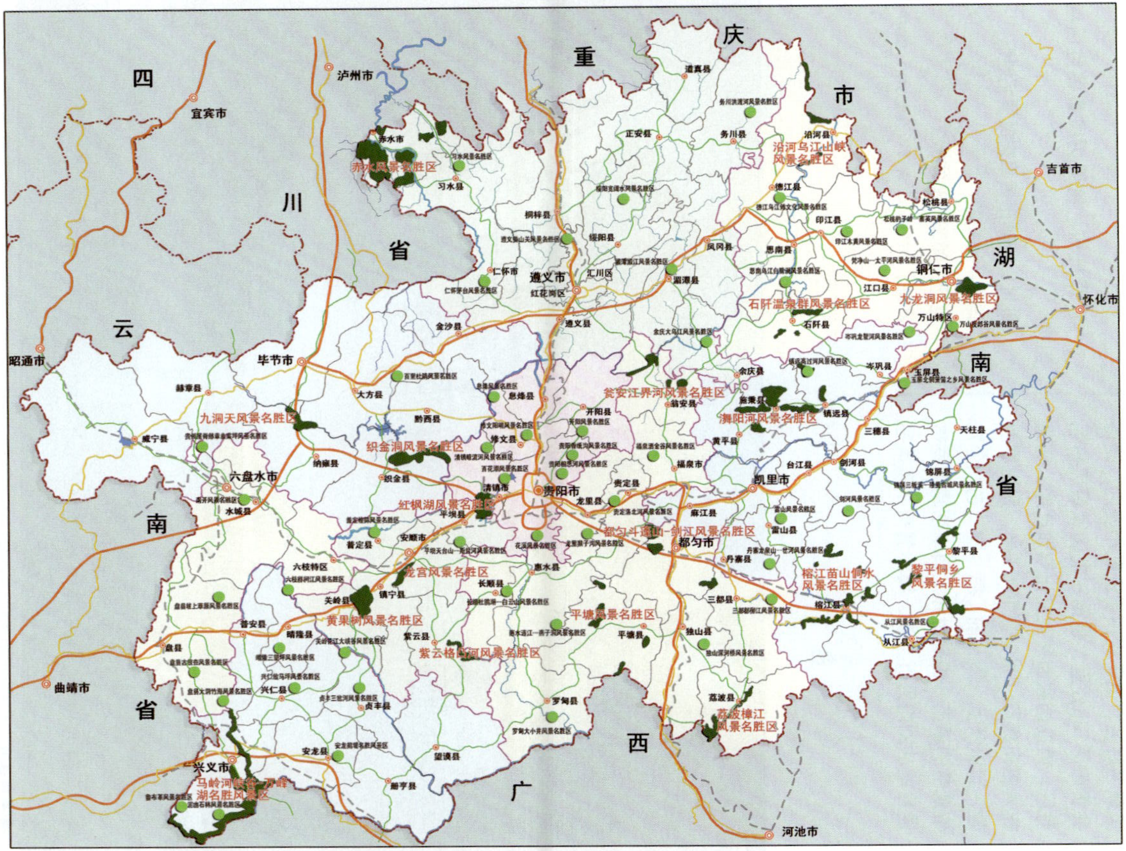

黄果树 风景名胜区

以黄果树大瀑布为核心，以千姿百态、风格各异的瀑布群为主体，亚热带喀斯特山水风光与布依族、苗族风情为一体的黄果树风景名胜区，位于贵州省安顺市境内，距省会贵阳市128公里，是第一批国家级风景名胜区，首批国家自然与文化双遗产地。黄果树大瀑布高77.8米，宽101.0米，是世界上唯一可以从上、下、前、后、左、右六个方位观赏的瀑布，也是世界上有水帘洞自然贯通且能从洞内外听、观、摸的瀑布。风景名胜区面积115平方公里，包括大瀑布、石头寨、天星桥、滴水滩、坝陵河峡谷和郎宫等6个景区。

管理机构：黄果树风景名胜区管理委员会

地址：安顺市黄果树风景名胜区

邮编：561022

电话：0853—3596029

网址：http://www.hgscn.com

黄果树瀑布

黄果树风景名胜区导游图

MAP

交通 出行宝典 TRANSPORTATION

距安顺市中心6公里的黄果树机场，目前已开通北京、广州、大连、青岛、昆明等航线。也可以坐飞机到贵阳再转车至安顺。

通过川黔、湘黔、黔桂等铁路，安顺与省外各地相连，来自北京、上海、重庆、广州的列车均在安顺停靠。贵昆铁路贯穿安顺全境，旅游专列“黄果树”号每日往返于贵阳和安顺之间。

1. 贵阳—黄果树（高速公路128公里）。

发车时间：8:00～12:45

发车地点：贵阳市金阳汽车总站

票价：55元/人

2. 贵阳—安顺（95公里）

发车时间：7:00～21:00，20分钟/班

发车地点：贵阳市金阳汽车总站

票价：35元/人

3. 安顺—黄果树（40公里）

发车时间：7:00～19:00，20分钟/班

发车地点：安顺汽车南站

票价：13元/人

有沪昆（上海—昆明）高速公路、320国道、贵黄公路直达景区。

1. 沪昆高速（上海—昆明）：昆明—曲靖—胜境关—晴隆—关岭—黄果树—镇宁—安顺—平坝—清镇—贵阳—凯里—怀化—长沙—上海；西距昆明400公里，东距贵阳128公里。

2. 贵黄公路：贵阳—清镇—平坝—安顺—镇宁—黄果树；里程134公里。

3. 水黄高等级公路：水城（六盘水）—黄果树；里程135公里。

4. 关兴高等级公路：兴义—兴仁—关岭—黄果树；里程170公里。

旅游服务 TRAVEL SERVICE

游客中心

景区门口具有本地建筑特色的游客服务大厅，厅内矗立着反映地方民族文化的两根傩戏脸谱木雕立柱，墙面镶嵌形成于亿万年前的海百合化石，展示出浓厚的文化氛围。游客服务大厅内免费提供休憩、咨询、影视观看、饮用水、物品寄存、轮椅、拐杖、童车、多语种宣传资料等内容丰富的服务项目，公布导游信息，满足不同游客的需求。游客在此可轻松购物、邮寄，通过触摸屏了解景区全貌及游览线路。

游客中心

门票价格：旺季180元/人，淡季160元/人。

车票价格：50元/人。

黄果树大瀑布

黄果树瀑布——水帘洞

黄果树大瀑布高77.8米、宽101米，是世界喀斯特地貌罕见的巨型瀑布，也是世界名瀑中最美丽、最壮观的瀑布，同时它也是世界上唯一可从上下前后左右六个方位观看的瀑布。明代著名的旅行家和地理学家徐霞客描述黄果树大瀑布："捣珠崩玉，飞沫反涌，如烟雾腾空，势甚雄厉；所谓'珠帘钩不卷，匹练挂遥峰'，俱不足拟其状也……"。水帘洞堪称黄果树大瀑布一绝，在大瀑布40～47米的高度上，全长134米，水帘洞贯穿全瀑，六个洞窗掩藏在瀑布之后。进入水帘洞，瀑声萦耳，惊心动魄。瀑窗水挂珠帘，伸手可及，称"天下第一奇洞"。

陡坡塘瀑布

陡坡塘瀑布是黄果树瀑布群中瀑面最宽的瀑布。位于黄果树大瀑布上游1公里处，瀑顶宽105米，高21米，瀑水犹如从天际淌来，洋洋洒洒漫在100多米的钙华滩坝上，洪峰到来时都会发出"轰隆轰隆"的吼声，谓之"吼瀑"。景区内百花齐放、万鸟争鸣，数百种天然鸟类群栖于此，又称"凤凰百鸟园"。

凤飞陡瀑

天星桥景区

天星桥景区是黄果树风景区中已全部开发的景区，景区规划面积7平方公里，开发游览面积4.5平方公里，分为三个相连的片区，即：天星盆景区、天星洞景区和水上石林景区。这里石笋密集，植被茂盛，水到景成，集山、水、林、洞为一体。

银练坠潭瀑布

天星桥

水上石林

天星洞

滴水滩景区

滴水滩瀑布景区位于黄果树大瀑布以西八公里处。该景区分布有大树跨岩瀑布，绿媚潭瀑布和滴水滩瀑布，其中滴水滩瀑布共分三级，第一级称连天瀑布，中为冲坑瀑布，下为高滩瀑布。它是集高、大、美、秀著称的瀑布群。

滴水滩瀑布

石头寨景区

从安顺乘车西行到黄果树大瀑布途中，可以看到一村村一寨寨全是石墙石瓦的石屋。石屋的主人大都是布依族。整村整寨不见一砖一瓦，房屋四周用石块砌墙，房顶以片石为瓦，室内间隔也以石砌成，院落的墙垣、寨中的通道、村前的小桥、梯田的保坎也都用石头修筑，家中的用具，如碓、磨、钵、槽、缸，全是用石做成。

石头寨

特色观赏和体验 UNIQUE SCENERY & FESTIVALS

黄果树瀑布节

每年的5月至9月是安顺一年一度的黄果树瀑布节。瀑布节期间将有万人传唱布依山歌、西部传统民歌演唱会以及黄果树文化藏品展、奇石博览会等，可以尽情体验少数民族的传统与热情，另外将有一系列精彩的活动在主会场和各分会场举行。

黄果树四季 SEASON

黄果树大瀑布一年四季景致不同，各有风韵，正因为如此，几乎没有人能充分地、完全地阅尽黄果树的容颜。春到黄果树，您能领略到一位流连于群瀑山野的绝代佳人的风采；夏天是黄果树瀑布最为强盛的时期，它那恢弘的生命力，令峭壁震颤，豪壮雄奇；秋，稻浪、红叶，万树挂金，黄果树“银雨洒金街”的美景，人间、天上唯有此处有；如果您能有幸一睹黄果树冬天的银装素裹，那可是百年也难一遇的奇观，定会为之震撼，为它魂牵梦萦。

黄果树的月平均气温和穿衣提示

月份	1	2	3	4	5	6	7	8	9	10	11	12
月平均气温（℃）	0	5	10	14	20.5	21.5	22	24.8	24.2	21.5	15.22	9.5
穿衣情况	厚毛衣外套	厚毛衣外套	薄毛衣外套	薄毛衫	单衣	薄型套装	薄型套装	薄型套装	薄型套装	单衣	薄毛衫外套	厚毛衣外套

春绿黄果树

夏凉黄果树

秋爽黄果树

冬靓黄果树

住宿 ACCOMMODATION

景区内有星级宾馆、酒店8家，宾馆设施完善，能供3000人住宿、娱乐，并有豪华夜总会及桑拿等服务设施，是旅游、观光、休闲、度假、疗养、健身、吸氧、会议等活动的理想场所。

金谷瀑布山庄

黄果树风景名胜区内

总台 0853-3595888

标准间价格：标间760元/间

黄果树宾馆

黄果树风景名胜区内

总台 0853-3592110

标准间价格：标间480元/间

黄果树驾乘公寓

黄果树新城票务中心旁

总台 0853-3773118

标准间价格：标间249元/间

白马湖宾馆

白马水库旁（距黄果树景区10公里）

总台 0853-6791118

标准间价格：140元/间

（以上价格以实际为准）

美食推荐 CUISINE

黄果树特色菜有八宝贵州鱼、烧烤香猪、天麻鸳鸯鸽、篮球鸽蛋、凉拌折耳根等；小吃有黄果树牛肉粉、镇宁波波糖、五彩珍珠汤、刺猬包、天星破酥包、碗耳糕、南瓜包、红油脆哨糯米饭、荞凉粉、油炸粑稀饭、碎肉豆沙粑、卷粉裹裹等，种类极为丰富，令人食而难忘。

黄果树美食

购物指南 SHOPPING GUIDE

1. 蜡染是贵州著名的民间传统工艺品，也是我国古老的传统印染方法之一，其中以安顺的最为有名。安顺蜡染已有两千多年的历史，以布依族蜡染为主，承传了古老的工艺，在图案上因喜好不同而存在一些差异。其花纹细致，色彩浓郁，常见的图案有山川风景、花鸟虫鱼、仕女人物、古代文物等。取材十分广泛，加之造型不拘一格，极富浪漫主义风格。色彩通常采用红、黄、棕等多色套染，具有浓郁的少数民族特色。

2. 产自贵州安顺的“三刀”——菜刀、剪刀、皮刀，是有名的传统产品。它式样美观、镶钢均匀，刃口锋利，经久耐用，百年以来享有盛名。

另外，还有紫袍玉石雕砚台、刺绣花布鞋、黄果树姜糖、银饰画、彩傩、地戏脸谱等本地特产。

蜡染书包

蜡染画

紫袍玉石雕砚台

银辉映彩绣

织金洞 风景名胜区

织金洞——国家级风景名胜区、国家地质公园、中国国家自然遗产、中国旅游胜地四十佳之一，中国最美的旅游洞穴第一名、中国十大著名洞穴、中国自然生态十大迷宫榜首、国际旅游洞穴协会成员。

国际洞穴联合会主席福特和法国喀斯特联合会主席萨拉蒙和中法、中美、中日、中瑞等国际国内专家多次考察过织金洞，并给予高度评价："行星上一大奇观"、"地下艺术宝库"、"洞中王"、"天下第一洞"、"岩溶博物馆"。

织金洞景（园）区地质遗迹景观发育典型。国际知名的地貌学家威廉姆先生称之为"世界第一流的喀斯特景观"。洞内景观琳琅满目、流金溢彩，囊括了世界上所有溶洞的堆积形态和类别；地面风光湖泊峡谷、箱状大峡谷、天坑、天生桥、天窗、石芽、峰丛等别具特色。

织金洞洞体四层构造，错落别致，已勘察长12.1公里，洞腔最宽跨度175米，相对高差150米，一般高宽均在60～100米之间，总面积70余万平方米，划分为11个大厅47个小厅堂，簇拥着千座"塔"、万座"佛"，呈现万千气象，无限风光：雄伟壮观的"金塔之城"；傲立挺拔的"雪压青松"；虚无缥缈的"铁山云雾"；神妙莫测的"寂静群山"；金碧辉煌的"灵霄殿"；磅礴而下的"百尺垂帘"；纤细玲珑的"卷曲石"；深奥难穷的"广寒宫"；珠光玑点的"霸王盔"；气势恢宏、延绵起伏长两百余米的"大壁画"；举世无双、豪壮、秀逸、精巧的"银雨树"；栩栩如生的"普贤骑象"、"婆媳情深"、"十二生肖"；亭亭玉立的"姊妹树"、"螺旋树"；波光粼粼的边石坝；琴弦分明的"琵琶"；群峰巍峨、丛林众生的"十万大山"，博大精深、鬼斧神工，一幅幅大画卷，一处处小情景，令人心魄震撼，叹为观止。据专家考证，其规模体量、形态类别、景观效果都比誉冠全球的法国和南斯拉夫的溶洞更为宏大、齐全、美观。

管理机构：贵州织金洞风景名胜区管理局
地址：贵州省毕节市织金县官寨乡
邮编：552100
值班电话：0857-7812018，7812063
传真：0857-7812019
电子邮箱：gzzjd1980@163.com
zjd@gzjs.gov.cn
门户网站：http://www.gzzjd.com

织金洞—银雨宫

MAP

织金洞风景名胜区导游图

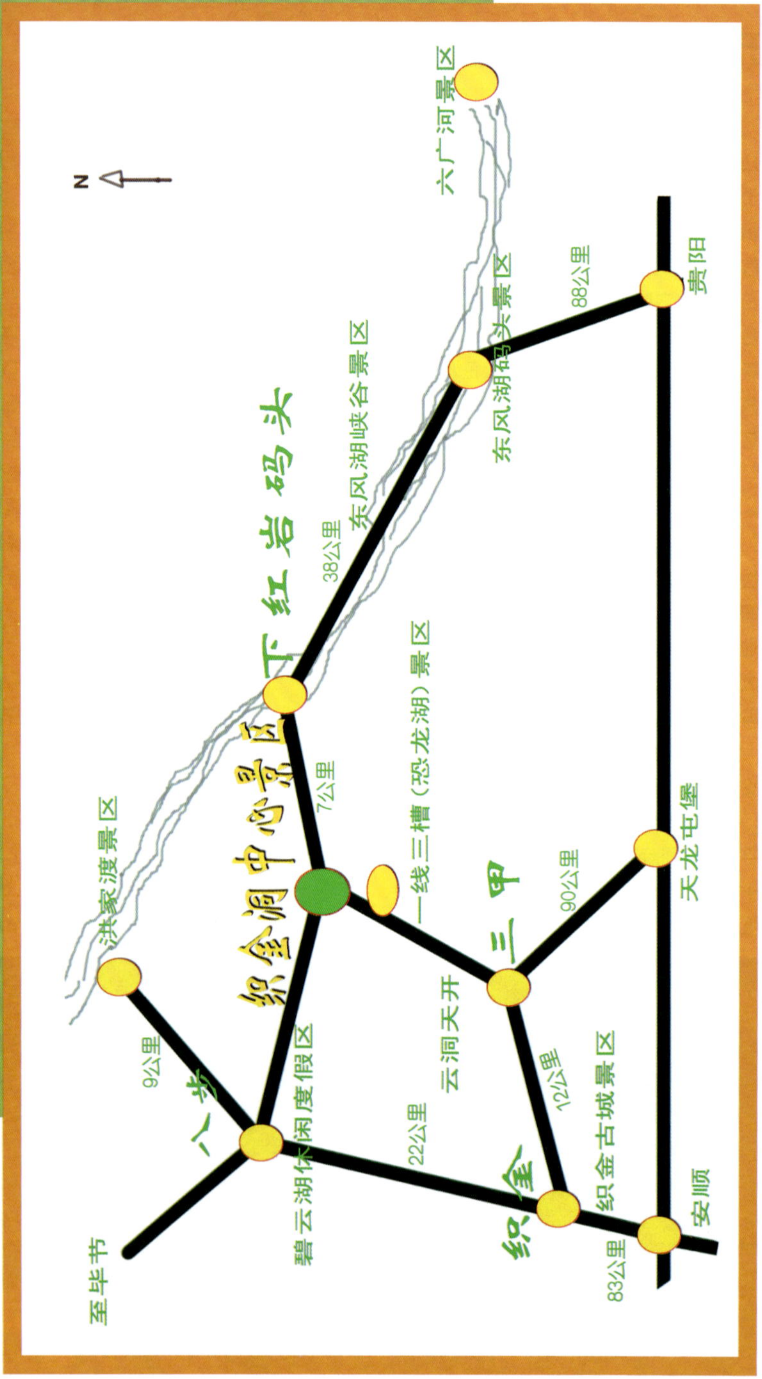

交通 出行宝典 TRANSPORTATION

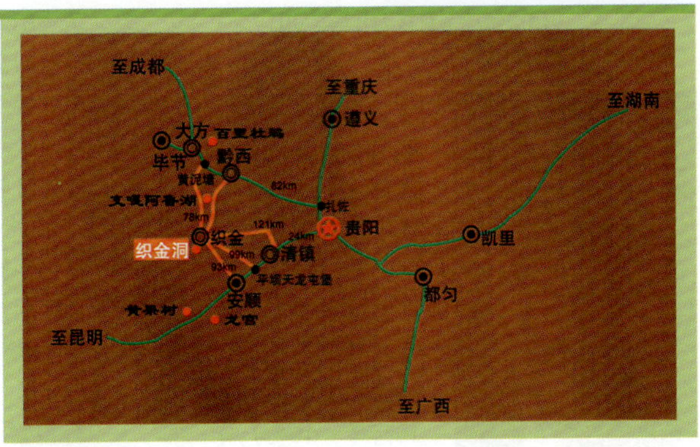

区域交通图

织金洞距省会贵阳145公里，距地区行署所在地毕节127公里，有贵（阳）、毕（节）、安（顺）、织（金）等级公路通达景区，交通便捷，路况良好。

区外至织金洞风景区交通主要有：

贵阳—清镇—凹河—织金洞（行程145公里）。

贵阳—平坝天龙—斯拉河—织金洞（行程159公里）。

黄果树—安顺—普定—织金洞（行程138公里）。

贵阳—扎佐—黔西—洪家渡—织金洞（行程201公里）。

贵阳—黔西—黄泥塘—八步—织金洞（行程218公里）。

旅游服务 TRAVEL SERVICE

织金洞游人服务中心是一个集售票、购物、休息、综合信息咨询、多媒体触摸屏查询系统（内容包括景区资源介绍、气象预报、咨询、游程、导游安排及其他服务项目等）、提供景区多种宣传资料等功能于一体的服务设施。

进入景区地下天宫的游客将在这里购买门票及观光车票。

门票价格：120元　　观光车票价格20元

旅游热线服务 0857——7812063

监督投诉电话 0857——7812018

优惠群体：老年人、现役军人、儿童、学生、残疾人等凭有效证件。

迎宾大厅

售票前台

精品线路

1.织金洞—官寨古街—恐龙谷—织金古城

2.织金洞—恐龙谷—香粑车乐园—百里乌江画廊—化屋苗寨

（一）织金洞典型景观

银雨树

地球之宝——银雨树：高17米，犹如象牙雕刻的玲珑塔，披金撒银。从白色玉盘中脱颖而出，集豪壮、秀逸、精巧于一体。银雨树形成大约有15万年，10多万年来，形成银雨树的滴水线位置始终没有变迁，水量是恒定的，可见银雨来之不易。著名地质学家孙大光先生说：“把银雨树称为国宝还不够，应称之为球宝——地球之宝，无价之宝。”

霸王盔

镇洞之宝——霸王盔：织金洞洞内“三绝之一”。高14米，珠玑点缀、银光闪烁，似古代楚霸王的头盔。为巨大的复合型石笋，由下部的帽石笋，上部的细长杆状石笋组成。

大壁画：一幅巨大的岩溶透雕壁画，高近百米，连绵200余米，由众多的石帘、石柱、石幔、石钟乳融汇而成，气势非凡，景象万千的大画卷，充分体现了织金洞“大”的特点，在世界溶洞中也极为罕见。

广寒宫：广寒宫长400余米，宽100余米，高70余米，面积5万多平方米。放眼望去，洞中景观如“寂静的群山”，由石佛、灵芝山、巨石钟、十万大山等众多巨型石笋组成，其神秘深邃，蔚为壮观。

灵霄殿：织金洞洞内的最高点——灵霄殿。这里的海拔是1321米，比洞口还高20余米。灵霄殿高宽均在40余米，造型独特，巧夺天工，仿佛一个巨大的方形舞台一下子拉开了帷幕，其中景色尽收眼底。中部高37米的石柱，纤细、秀长、宁静，且无依无靠，称为“擎天一线”。后方背景是洁白的石笋，左右两侧是宽阔的石幔，尤其是右壁的石帘，长百余米，高数十米，规模宏大，气势辉煌，景观密集。

寿星宫：寿星宫为织金洞第三层洞内的一个空旷神奇的洞穴厅堂，高宽均在90多米，又称九九宫，主要景观有“三星聚会”。它由三座粗壮的石笋组成，形如福、禄、寿三星，特别是中间的老寿星长须下垂，手杵拐杖，神形兼备，神志逼真。

卷曲石：卷曲石是科研价值极高的珍品，中心是空心管道，里面储水发育生长，管壁很薄，因此通体透明。它是一种不受重力的影响，自由地向三维空间卷曲发育而形成的各种组织形态，有的像树枝，有的像梅花，有的像鹿角，卷曲石美、奇，也称为“洞中仙子。”

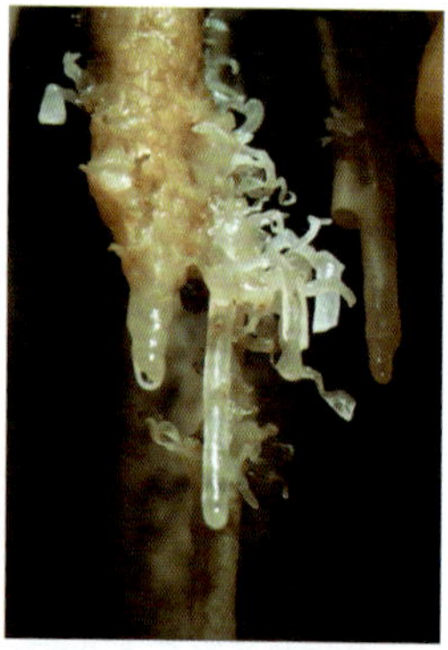
卷曲石

寂静的群山

（二）织金古城

织金古城位于贵州中部偏西，东距贵阳141公里，距织金洞21公里。古城景区山清水秀，是一座历史文物较为丰富的城市，拥有国内绝无仅有的国家重点文物保护单位“水西名楼财神庙”，有秀雅鱼山、雄奇东山、云洞天开等古迹20余处。

财神庙

（三）恐龙谷

恐龙谷距织金洞仅2公里，是一处集谷、崖、洞、水、林、石等自然岩溶风光为一体，以“一谷二窗三桥”为代表，融雄、奇、险、幽为特色的景点。

恐龙谷风光

（四）乌江百里画廊

乌江百里画廊位于贵州省境内乌江的上游，是织金洞景区的其中一个景点，河水清澈碧绿，被誉为“千里乌江最精的画卷”，其雄冠乌江，秀胜三峡，令游过的人叹为观止。

特色观赏和体验 UNIQUE SCENERY & FESTIVALS

民族风情

古老独特的民族礼俗，构成织金人热情、礼貌、尊老爱幼、团结友爱的传统风尚，别具情趣的彝族迎亲，苗家牛角酒，彝、苗丧葬习俗，布依婚俗等独具一格。丰富多彩的民族节日：苗族射弩、斗鸡、“农历二月十一乌家山苗族跳花节”、“洪家渡水库南岸布依族的六月六、元宵节的对歌、跳花”等；五彩缤纷的民族歌舞有以汉、彝、苗、回、布依、白、仡佬等7个民族歌舞为一体的“乌蒙欢歌”，苗族“滚山珠”，彝族铃铛舞“乌蒙铃”。

织金洞四季 SEASON

织金洞内常年恒温11 ～14℃ ，请游客根据自身情况增减衣物。

姊妹玉树

住宿 ACCOMMODATION

织金洞酒店（三星）

官寨乡

0857－7812033

标准间价格：168～318元/间

洞中王酒店（三星）

织金洞游客服务中心后

标准间价格：160元/间

宏州酒店（四星）

织金县金北路151号

0857－7758888

织金洞酒店

洞中王酒店

宏州酒店

美食推荐 CUISINE

美誉中外的织金竹荪，含有丰富的多种氨基酸、维生素、无机盐等，享誉“真菌皇后”之称，其系列佳肴主要有竹荪龙凤汤、双菇竹荪汤、竹荪炖乳鸽等；具有地方特色的“宫保鸡”、“水八碗”系列汤菜主要有：鸡片薏仁米、鸡茸竹荪、酸菜烩洋芋等；地方特色小吃：荞凉粉、臭豆腐、发糕、酸汤粉、牛肉粉也都独具特色。

购物指南 SHOPPING GUIDE

地方特产：“真菌皇后”竹荪、野生天麻、如珍珠般的薏仁米、高寒山区的摇钱树“三塘核桃”、奇特的喇叭河风肉、熊家场腊肉。旅游工艺产品：织金大理石石雕、织金砂陶器、苗族蜡染刺绣等。

竹荪

㵲阳河 风景名胜区

㵲阳河风景名胜区位于黔东南州施秉、镇远、黄平三县境内，包括上㵲阳、飞云崖、杉木河、云台山、下㵲阳、铁溪、高过河七个景区和镇远历史文化名城景群、旧州历史文化名镇景群、浪洞森林温泉独立景点及杉木河水源生态保护区。风景名胜区面积510.2平方公里，景观类型多，生态环境好，文化品位高，是开展观光览胜、漂流体验、休闲度假、科学文化活动的好去处。

管理机构：㵲阳河风景名胜区管理处
地址：凯里市文化北路15号
邮编：556000
值班电话：0855-8220097
传真：0855-8255557
邮箱：gg3322@126.com
㵲阳河风景名胜区管理处黄平分处
电话(传真)：0855-2469530
㵲阳河风景名胜区管理处施秉分处
电话(传真)：0855-4222797
㵲阳河风景名胜区管理处镇远分处
电话(传真)：0855-5722327

下㵲阳——孔雀开屏

交通 出行宝典 TRANSPORTATION

（一）区外交通

凯里站为沪昆主干线上的重要站点，距景区35公里，过站列车均会停靠。景区内的镇远站，大部分列车停靠。

1. 贵阳—凯里（190公里），高速路，耗时约3小时，票价65元/人

2. 凯里—黄平（60公里），旅游公路，耗时1小时，票价15元/人

3. 凯里—黄平—施秉（90公里），旅游公路，耗时1.5小时，票价25元/人

4. 凯里—黄平—施秉—镇远（120公里），旅游公路，耗时2小时，票价35元/人。

（二）区内交通

1. 杉木河漂流观光车：每15分钟一趟，联系电话0855-4320200。

2. 上㵲阳景区船游：来团即安排船只，往返3小时左右。船票50元。

3. 下㵲阳景区船游：来团即安排船只，往返3小时左右，船票100元。

4. 铁溪景区接送旅游观光车：在镇远县城青龙洞门口即可乘坐，载满即走，票价15元。

5. 除探险涉水区外，景区内各大景点间都修建有青石（鹅卵石）游览步道相连，可供游客徒步游览。

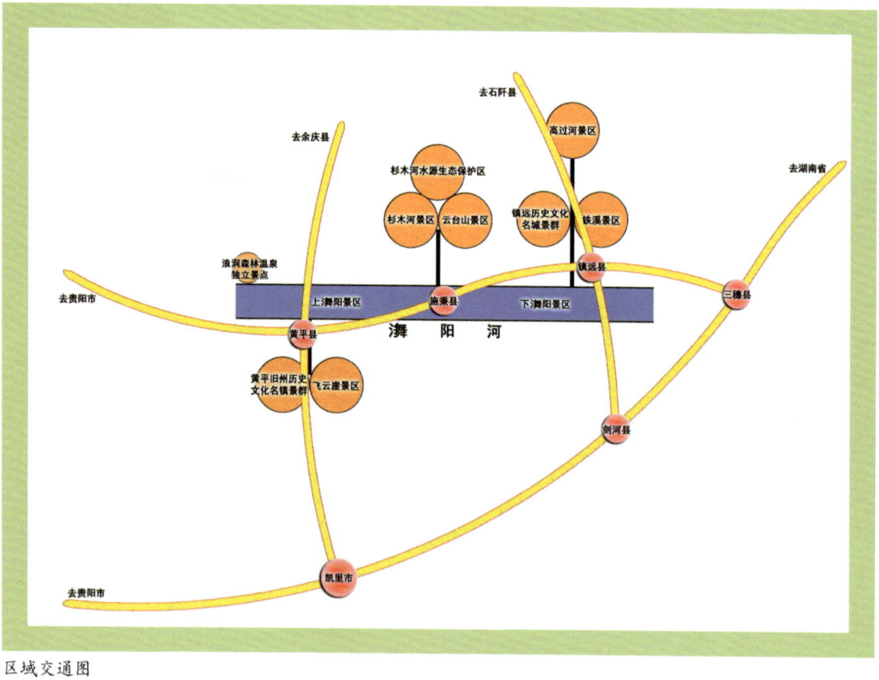

区域交通图

旅游服务 TRAVEL SERVICE

杉木河景区游客中心仅向游客出售杉木河景区门票，并提供信息咨询、储存、休息、更衣、车辆调配等服务功能。其余景区均有售票处，可售票和咨询，景区内旅游旺季设有游动医疗点。

重要提示：景区内各种标志标牌设置较好，在各类景区、路口及危险路段均设置有相应标识，各类珍稀名木也均挂牌提示。

精品线路

由于㵲阳河风景名胜区范围大，面积广，景区景点分散，在游览观光中很难一次性把整个景区看完。所以旅游线路很多，访古、爬山、观水、冲浪、泡温泉等各种组合都有。

(1)文化体验、遗址访古、风情体验、峡谷览胜、漂流探险、休闲度假：凯里或贵阳出发—飞云崖景区—上㵲阳景区—施秉—云台山景区—杉木河景区—下㵲阳景区—铁溪景区—镇远古城。

飞云崖月坛寺

上㵲阳河——峰回路转

(2)镇远古城—铁溪景区—下㵲阳景区—高过河景区—云台山景区—杉木河景区—施秉—上㵲阳景区—飞云崖景区—旧州—浪洞温泉。

镇远古城——万寿宫

高过河激情漂流

(3)峡谷览胜、风情体验：施秉—上㵲阳景区—旧州历史文化名镇—浪洞温泉；

施秉—下㵲阳景区—镇远；

镇远—铁溪景区—高过河景区。

旧州古镇

浪洞温泉

铁溪——神秘龙池

(4)漂流探险、休闲度假：施秉—杉木河景区。

杉木河——通天门

(5)文化体验、遗址访古：镇远历史文化名城—飞云崖景区—旧州历史文化名镇。

(6)芳谷寻幽、避暑度假：施秉—云台山景区。

镇远古镇——青龙洞祝圣桥

云台山——晨霭

N
0 1 2 4km
浪洞森林温泉
独立景点
黄平旧州
古镇景群
上㵲阳景区
黄平机场
飞云崖景区
黄平县

㵲阳河风景名胜区导游图

MAP

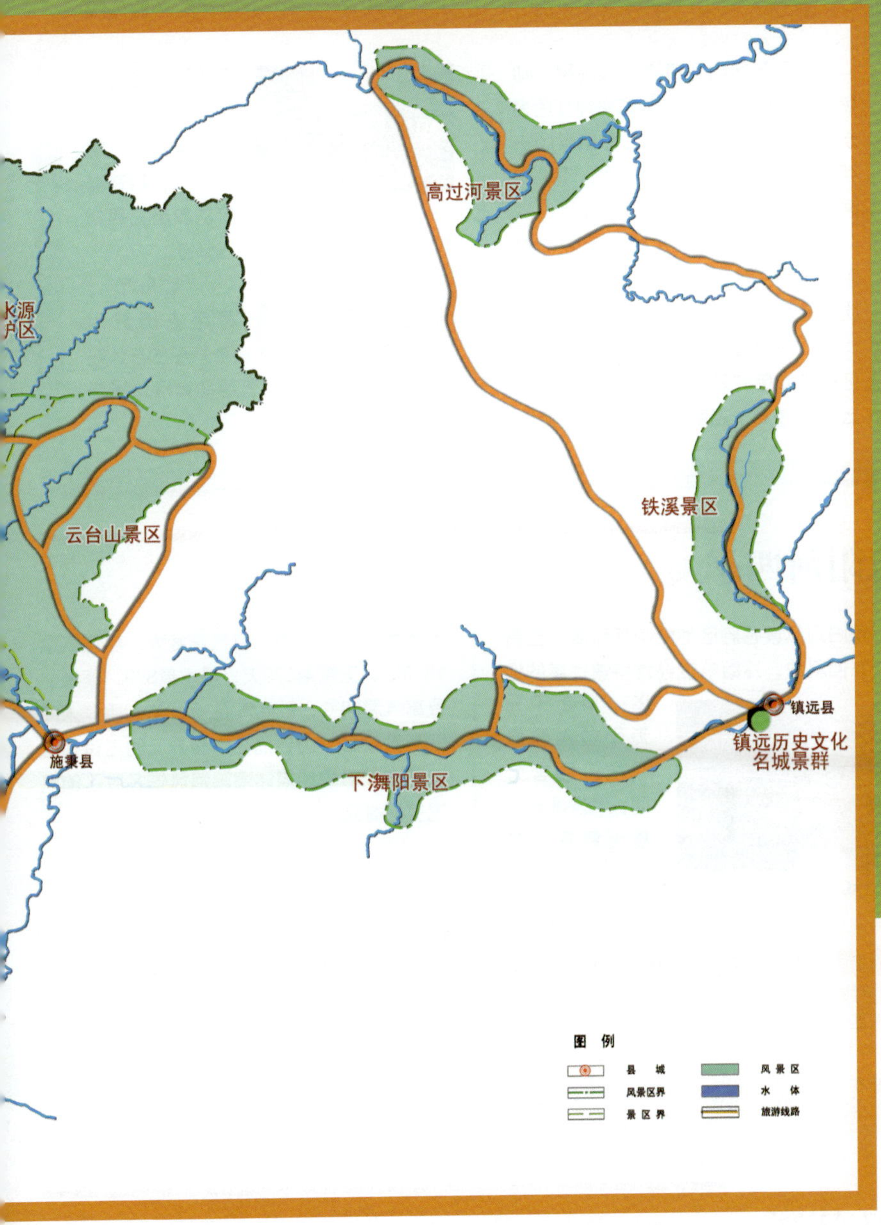

特色观赏和体验 UNIQUE SCENERY & FESTIVALS

1. 风景区内有植物1300余种，动物近300种。其中列入中国物种红色名录的植物70余种。其中云台山景区一年有200天左右可观云海，上、下㵲阳河船游时可常见鸳鸯、猕猴活动。

2. 㵲阳河风景名胜区所处的黄平、施秉、镇远民族节日丰富多彩，比较隆重的有：

“三月三”：飞云崖、云台山景区每年农历“三月三”，来自铜仁、云南、遵义、湖南及周边县市的游客

苗族情人节

独木龙舟归来

云集飞云崖和云台山朝拜庙会；镇远报京的“情人节”，也在当年的农历三月初三举行。

龙舟节：每年农历五月二十五左右，在镇远、施洞、施秉都有活动举行，是当地最隆重的节日之一。

㵲阳河四季 SEASON

㵲阳河风景名胜区地处中低纬度，云贵高原东部斜坡，冷暖气流经常持续过渡的地区，属于中亚热带湿润季风气候，四季分明，气候温和，夏无酷暑，冬无严寒，雨量充沛，空气湿度大，年均气温15.3℃，无霜期279天，降水量879.1毫米，最高气温38℃，最低气温-7.2℃。用“人间四月芳菲尽，山寺桃花始盛开”的古诗句可以贴切而形象地描述㵲阳河风景名胜区的气温变化情况。

杉木河戏水

景区月平均气温和穿衣提示

月份	1月	2月	3月	4月	5月	6月	7月	8月	9月	10月	11月	12月
月平均气温（℃）	5.5	7.0	11.1	16.8	20.9	24.2	26.1	25.7	22.3	17.5	12.5	7.9
穿衣提示	毛衣	毛衣	春秋衫	春秋衫	夏衫	夏衫	夏衫	夏衫	夏衫	春秋衫	春秋衫	毛衣

住宿 ACCOMMODATION

㵲阳河风景名胜区住宿大部分集中于县城及景区周边农家乐，各种价位、类型都很多，选择空间很大。

1.三丰迎宾馆（四星）
县城郊
0855—4227288
标准间价格：400～600元/间

2.施秉杉木河酒店（四星）
县城
0855—3869188
标准间价格：500～800元/间

3.全家大院(四星级客栈)
镇远兴隆街
0855—5723999
标准间价格：300～500元/间

4.华振宾馆（三星）
施秉县城
0855—4326888
标准间价格：300元/间

5.银星宾馆（三星）
施秉县城
0855—4238888
标准间价格：200～300元/间

6.府城宾馆(三星)
镇远顺成街
0855—5722592
标准间价格：200～300元/间

7.铁溪度假酒店(三星)
镇远铁溪景区
0855—5733000
标准间价格:200～300元/间

8.浪洞森林温泉度假酒店(三星)
黄平浪洞景区
0855—2345678
标准间价格：200～300元/间

9.王府酒店
施秉中沙大道
0855—4326999
标准间价格：100～150元/间

10.排楼冲农家乐
施秉云台山景区门口
13638095918
标准间价格：100元/间

11.丰丰宾馆
黄平县车站对面
0855—2438498
标准间价格：100～150元/间

12.谦和大酒店
黄平县城
0855—2436366
标准间价格：100～150元/间

13.名城宾馆
镇远县顺成街
0855—5726018
标准间价格：100～150元/间

美食推荐 CUISINE

旧州豆腐干、苗家酸汤鱼、苗家酸辣牛杂火锅、苗家米酒、锅巴粉、蕨粑、腊肉、苗家鸡稀饭、豆腐笋、社饭等。

旧州豆腐干

苗家酸辣牛杂火锅

购物指南 SHOPPING GUIDE

1.名、优、土特产品：㵲阳河鲜鱼、道菜、太子参、天印贡茶、青酒、旧州牛肉干、杉木河腊肉、太子参、蕨粑、绿壳蛋。
2.工艺品、旅游纪念品：革家蜡染、银饰、刺绣、泥哨、竹木器具等。

革家蜡染

黄平泥哨

红枫湖 风景名胜区

红枫湖风景名胜区位于贵阳市清镇境内，距贵阳市27公里，是贵州西线旅游黄金线路的第一站。红枫湖面积为200平方公里，水域面积57.2平方公里，是贵州省境内最大的高原湖泊，是一个典型的喀斯特高原湖泊，湖中分布着大大小小170多个岛屿。湖区分北湖、中湖、南湖和后湖，风韵各异，形成山里有湖，湖中有岛，岛上藏洞，洞湖相通，具有“阔、秀、奇、爽”四大特色。

管理机构：红枫湖风景名胜区管理处
电话（传真）：0851－2775880
地址：贵州省贵阳市清镇红枫湖滴澄关
邮编：551400

红枫湖

红枫湖风景名胜区导游图 MAP

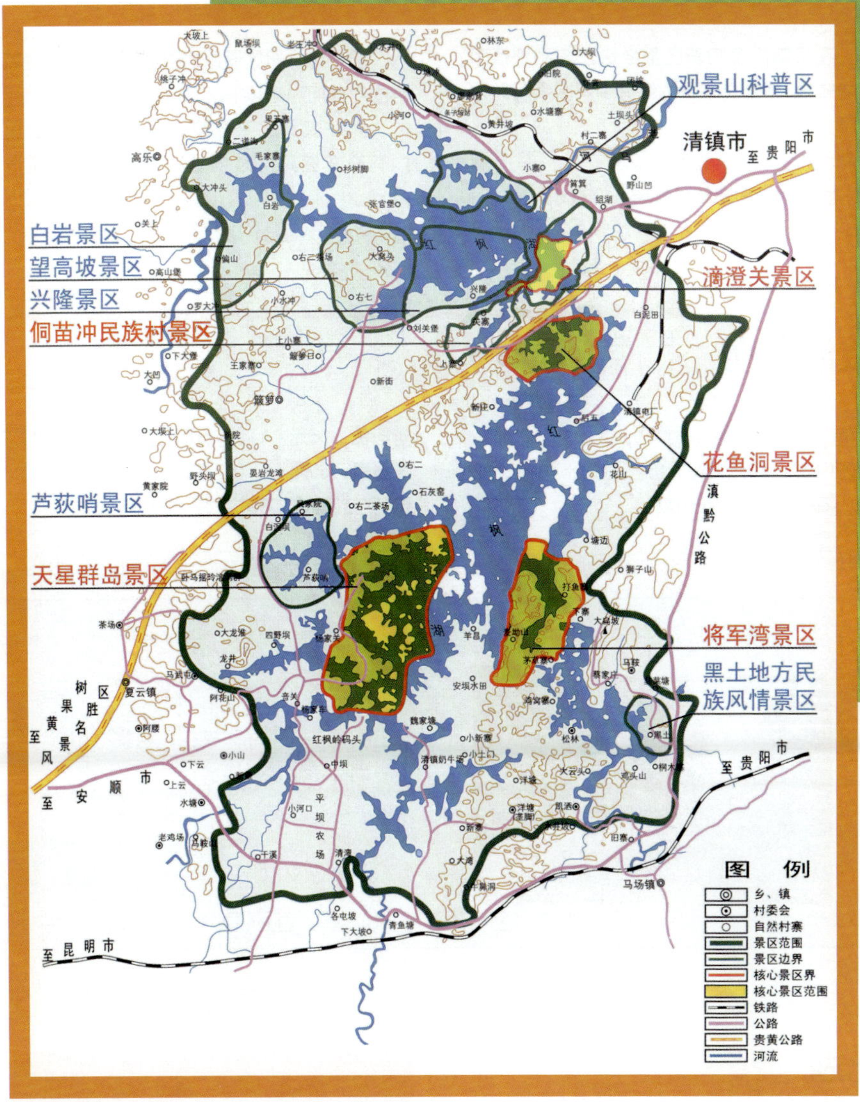

交通 出行宝典 TRANSPORTATION

在贵阳市金阳新区乘坐快巴车到清镇市市内转乘3路公交车直达红枫湖景区滴澄关大门口。

※特别提示：

景区周边加油站及修理厂位置：

加油站：景区道路沿途3公里，交通区域范围内有加油站10个。

汽车修理：景区交通区1.5～2.6公里内有汽车修理厂（宏达汽修和流动救援汽修）。

旅游服务 TRAVEL SERVICE

景点门票、船票实行一票通：

景区门票：40元/人（含滴澄关、龟岛、蛇岛、侗寨、苗寨、布依寨）

游船费：35元/人（游览以上六个核心景点）

快艇费：60元/人（游览以上六个核心景点）

电话(传真) 0851-2624639

常规线路

冬日侗寨

滴澄关码头→龟岛→蛇岛→苗寨→布依寨→侗寨→滴澄关码头

北湖

北湖以岛闻名。鸟岛、蛇岛、龟岛……诸多岛屿如散落的珍珠一般点缀在万顷碧波之上，形成了独特的景观；北湖沿岸，有西汉的古墓群，有明代的“苗王营垒”。

蛇岛晚霞

南湖

南湖以洞著称。将军洞、打鱼洞、水下洞和大口洞等幽谷洞穴蔚为奇观。尤其是将军洞，水涨时形成独特的“洞中湖”。洞内钟乳石柱五光十色，琳琅满目。尽头处有一幅10多米高、20多米宽的晶莹闪烁大石幔，恰似一幅巨瀑从悬崖直泻而下，甚为壮观；洞中有湖，水质明净，乘船游程1400米，这里可一边欣赏千姿百态的钟乳石，一边倾听神奇的古老传说。

中湖

北湖与南湖之间，有中湖连接。中湖狭窄，两岸森严峭壁，山势险峻，景色俊美；山上松柏苍劲挺拔。山巅之上一石似亭亭仙姑，一石含笑若罗汉。

后湖

后湖湾汊众多，纵横交错。看似山穷水尽，忽又柳暗花明，船头一转，山水如画，尽收眼底：附近的村落，归来的渔船，手拉手的情侣，舞姿翩翩的苗族姑娘。

红枫湖四季

红枫湖四季 SEASON

红枫湖属亚热带季风性湿润气候区，冬无严寒，夏无酷暑，无霜期长，降雨丰沛，年平均气温14.6℃，在热浪袭人的夏季，平均气温仅为22.7℃。

特色观赏和体验 UNIQUE SCENERY & FESTIVALS

在红枫湖，游客不仅可以观赏到优美的自然生态风光，还可以观赏到苗族、侗族、布依族的建筑文化精品；造型精巧、匠心独运的侗族鼓楼、风雨桥；依山就势、设计独特的苗家吊脚楼；就地取材、古风浓郁的布依石头寨；还可欣赏到被喻为“天籁之音”的多声部无伴奏合唱的侗族大歌，苗家神功“上刀山、下火海”等令人叹为观止的表演，可以领略到敬酒歌、拦路酒等浓郁的民族风情，品尝到地方小吃、鱼虾宴等各式各样的风味美食。

侗寨

苗寨神功“上刀山”

住宿 ACCOMMODATION

红枫湖旅游度假村

红枫湖旅游度假村（四星）

贵州省贵阳市清镇市

0851–8575777

红枫湖亚高原水上训练基地（四星）

红枫湖月亮弯半岛

0851–2712222，2712301

枫叶山庄、观景山庄（二星）

红枫湖畔的红枫水力发电厂内

0851–2554168，2554172，2554139

红枫湖亚高原水上训练基地

枫叶山庄、观景山庄

美食推荐 CUISINE

刘姨妈黄粑、羊肉粉等。

红枫湖美食

购物指南 SHOPPING GUIDE

红枫湖内的少数民族村能够买到侗族、苗族的制作精巧的传统手工艺品。

龙宫 风景名胜区

国家级风景名胜区——龙宫，位于贵州省安顺市南郊，距贵州省省会贵阳市116公里，安顺市27公里，与黄果树大瀑布毗邻。风景名胜区面积60平方公里，有很多禀赋极高的风景资源。“吞石为洞，吐石为花，神宫赖水造；聚水成渊，覆水成瀑，胜景依石生”，是龙宫景观的真实写照。步入龙宫，就是步入“喀斯特景观博物馆”，翻开了一幅“喀斯特的清明上河图”。其地上景与地下景、洞内景与洞外景交替展现，令游客目不暇接、乐不思归。

除以“水旱溶洞最多、最为集中和天然辐射剂量率最低”获两项世界纪录外，龙宫还有着许多神奇秀丽的喀斯特景观，其中备受游客推崇的有：被游客誉为“中国第一水溶洞”的地下暗河溶洞；“全国最大的洞中寺院——龙宫观音洞”；“全国最大的洞中瀑布——龙宫龙门飞瀑”；“山不转水转的旋水奇观——龙宫漩塘”。

管理机构：龙宫风景名胜区管理委员会
地址：贵州省安顺市西秀区
邮编：561000
电话：0853-3661049
传真：0853-3661022
门户网站：http://www.china-longgong.com

龙宫天池

交通 出行宝典 TRANSPORTATION

安顺市客车西站有龙宫专线车(8元/人次)。自助游的话，可从贵阳沿贵黄高速公路出发，约一个半小时即可到达。

龙宫龙门

旅游服务 TRAVEL SERVICE

游客中心

景区开放时间：8:30～17:00

门票价格：旺季（3月1日－11月30日）

120元/人次；

淡季（12月1日至次年2月28日）

100元/人次。

劲龙之声

※注：景区门票为景点通票，不含娱乐项目及车辆接送。

"中国第一水溶洞"——地下暗河溶洞

暗河溶洞长达15公里，为国内之冠。目前景区对外开放了两段，长1240米，洞内钟乳千姿百态，其洞厅构造宛如神话中的龙王宫殿。"地下漓江、天上石林"的溶洞风景价值，是目前国内已发现的其他同类型景区无以比拟的，大诗人艾青称之为"大自然的大奇迹"，国画大师刘海粟誉为"天下奇观"，全国溶洞专家感叹"览龙宫知天下水洞，荡轻舟临人间仙境"。"山不在高，有仙则名，水不在深，有龙则灵"，龙宫就是这样的人间天堂。

龙宫水溶洞（一）

龙宫水溶洞（二）

地宫入口

全国最大的洞中寺院——观音洞

观音洞，总体面积达2万多平方米，最大的特点就是所有的殿堂都是天然溶洞。人工雕刻佛像32尊，其中观音像高达12.6米，主殿上有一天然神似观音的钟乳石，天然和人造的佛像浑然一体。天下名山僧占多，而天然溶洞寺院实属罕见，其规模居全国之首。

观音像

弥勒像

全国最大的洞中瀑布——龙宫龙门飞瀑

龙门飞瀑，高50余米，宽26米，流水以喷泻之势钻山劈石，气势磅礴，万马奔腾，十分壮丽。而它下一个发威的地方，就是30公里外名播天下的黄果树大瀑布。

龙门飞瀑

别有洞天

山不转水转的旋水奇观——龙宫漩塘

一个面积达万余平方米的圆塘，池水不借风力，日日夜夜、年年岁岁永不停歇地沿着顺时针方向旋转着。景象珍奇，令游客陶醉，中央电视台科学教育频道“走进科学”栏目特别就此进行过探秘和报道。

八百罗汉

漩塘

特色观赏和体验 UNIQUE SCENERY & FESTIVALS

滑索

滑索位于龙宫群芳谷景区内，从龙腾堡至九九屯，从空中俯瞰群芳谷内完美的立体生态景观，惬意中更添有几分惊险刺激。

滑竿

如果你略感疲惫，可要上一乘滑竿代步，轻轻松松观美景。

民族风情表演

极具当地布依、苗等民族特色的风情表演，不仅节目内容丰富多彩，而且有许多与游客互动的节目。

民族风情表演

节庆活动

每年农历二月初二是布依族民俗中龙抬头的日子，龙宫当地布依族老百姓都要自发举行盛大隆重的颂龙庆典活动；布依族最热闹的节日要算“六月六”，他们称之为“过小年”。

每年农历正月间和四月初八，龙宫当地苗族同胞都会聚集在一起“跳花”。

天开照龙

龙宫四季 SEASON

漩塘之夏

龙宫属亚热带季风湿润气候，其特点是冬夏季风交替明显，气候温和，雨量充沛，冬无严寒，夏无酷暑，适宜旅游及植物生长。年平均气温14℃，最冷1月平均4.1℃，最热7月平均21.9℃。年平均降水量1361.4毫米，多集中在5～9月份，占全年降水量的70%。

住宿 ACCOMMODATION

龙宫酒店（三星）

龙宫风景区内

0853—3661388

龙宫宾馆（三星）

龙宫风景区内

0853—3661188

龙宫

另外，距龙宫27公里的安顺市区有多家三星级以上宾馆酒店可供食宿。

美食推荐 CUISINE

凉拌折耳根

此菜被戏称为“贵州一大怪，草根当好菜”，折耳根即中药中的益心草，味道独特，可消炎解毒。

豆腐炖辣子鸡

红油里浸着大块的鸡肉，观之诱人食欲，食之香辣爽口。

腊肉血豆腐

据说这血豆腐已有几百年历史。当年朱元璋的部队屯兵打仗，将豆腐浸入热腾腾的猪血中，风干储存，要吃时切下来或蒸或煮，既方便又有营养，特别是与腊肉同食，又鲜又糯，别有风味。

购物指南 SHOPPING GUIDE

安顺蜡染、布依地毯、镇宁波波糖、安酒、平坝酒系列。

荔波樟江 风景名胜区

荔波樟江风景名胜区位于贵州省南端的黔南布依族苗族自治州荔波县境内，毗邻广西环江、南丹县。处在桂林—贵阳—昆明的三角旅游空白区。2007年作为“中国南方喀斯特”的一员被世界遗产委员会批准列入《世界遗产名录》，是贵州省第一个世界自然遗产地。风景区总面积约118.8平方公里，由小七孔景区、大七孔景区、水春河景区和樟江风光带组成。

荔波樟江风景名胜区以典型、丰富、集中的喀斯特原始森林和喀斯特地貌上樟江水系的水景为基础，以千姿百态、独具特色的地貌景观、神奇茂密的原生植被、珍稀罕见的生物群种、绮丽多姿的真山真水为特色，以田园风光和底蕴深厚的少数民族风情为补充，特色鲜明，神秘奇特。景区内峰峦叠嶂，溪流纵横，生态环境良好，珍稀动植物种类繁多，中外专家认为是全球喀斯特地貌上保存完好、绝无仅有的绿色宝石。神秘奇特的喀斯特森林，将石、水、藤、乔、灌完美地结合在一起，充分显示了大自然的奇迹。景区地貌、水体、植被、人文景观齐全，集山、水、洞、林、湖、瀑、险滩、急流于一体，汇奇、幽、峻、秀、古、野、雄、险、美于一身，具有极高的观赏价值。是将神奇的自然美和浓郁的布依、水、瑶、苗等民族风情融为一体的风景名胜区。

管理机构：荔波樟江风景名胜区管理处
地址：贵州省荔波县玉屏镇樟江东路33号
邮编：558400
电话：0854-3610651
传真:0854-3610224
邮箱:lbfgc@163.com

荔波樟江

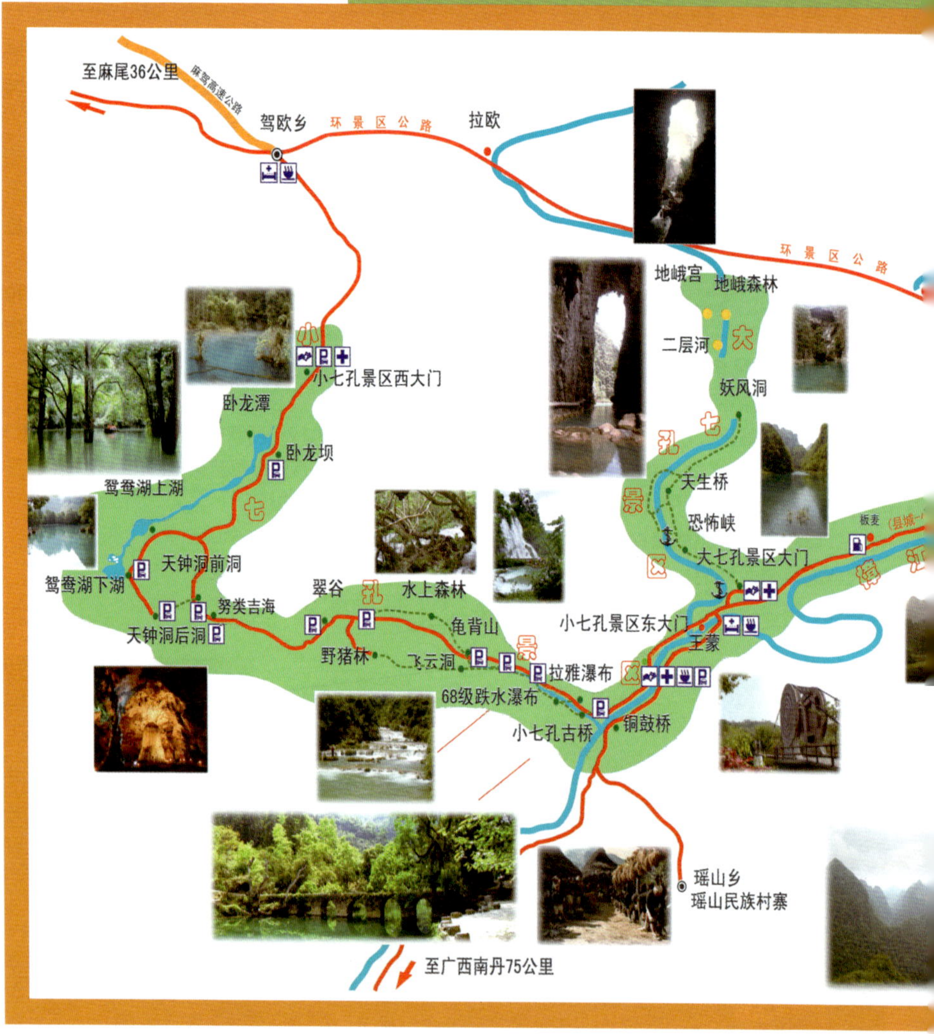

至麻尾36公里
麻驾高速公路
驾欧乡
环景区公路
拉欧
环景区公路
地峨宫
地峨森林
二层河
妖风洞
大七孔景区
天生桥
恐怖峡
大七孔景区大门
板麦
小七孔景区
小七孔景区西大门
卧龙潭
卧龙坝
鸳鸯湖上湖
鸳鸯湖下湖
天钟洞前洞
天钟洞后洞
努类吉海
翠谷
水上森林
龟背山
野猪林
飞云洞
拉雅瀑布
68级跌水瀑布
小七孔古桥
铜鼓桥
小七孔景区东大门
王蒙
瑶山乡
瑶山民族村寨
至广西南丹75公里

荔波樟江风景名胜区导游图 MAP

交通 出行宝典 TRANSPORTATION

（一）区外交通

荔波旅游支线机场位于荔波县水尧乡，距荔波县城13公里，距小七孔景区41公里，从贵阳到荔波机场的飞行时间约20分钟。

公路：贵阳及都匀至荔波均开通公交线路，贵阳每天发往荔波共五个班次，都匀至荔波每隔30分钟发一班，广州、深圳、南宁、柳州、杭州、宁波、金城江等地均有长途客运车至荔波。连接贵新高速公路的麻尾至荔波驾欧乡（小七孔景区西大门）高速公路已开通，驾欧乡至荔波县城段正在修建。

铁路：可乘火车至麻尾站、独山站、南丹站、金城江站后转乘汽车。

（二）区内交通

荔波县城至景区开通了公交线路，有40余辆中型、小型客车运营。县客运站发车，县城街道或途中可随上随走，能满足高速安全的旅客运输，且旅游景区内已建好四座客用码头供游客使用。

运行时间：上午7：00～下午6：00

票价：8～10元/人

咨询电话：0854-3611077

区域交通图

※特别提示：

周边加油站：县城樟江园广场旁加油站、板麦加油站。县城往都匀、三都方向出口处有加油站。

维修点：县城。

旅游服务 TRAVEL SERVICE

游客中心

荔波樟江风景名胜区各分景区均设有游客中心，距景区出入口不超过50米。游客中心内设国际、国内长途电话、邮政服务、游客休息设施、景区导览宣传资料、景区游程线路图、导游、讲解员、旅游购物、多媒体电脑触摸屏、特殊人群服务设施、影视播放系统等多项服务，能为进入景区的游客提供

游客中心

全方位的服务。另外，各游客中心附近均有客运车辆候客。

门票

小七孔景区门票价格：110元

观光车票价格：40元

大七孔景区门票价格：55元

游船票价格：单程10元

水春河景区门票价格：30元

漂流费：135元 保险：5元

游客投诉电话：0854-3610359

精品线路

水春河漂流—县城中餐—大七孔恐怖峡—天生桥—妖风洞—返县城或王蒙、拉柳住宿—次日早餐后小七孔古桥—拉雅瀑布—68级跌水瀑布（乘观光车）—龟背山原始森林（乘观光车）—水上森林—翠谷瀑布（乘观光车）—努类吉海湿地（乘观光车）—卧龙潭（乘观光车）—鸳鸯湖（乘观光车）—天钟洞—瑶山民居、禾仓、瑶族风情。

拉雅瀑布

卧龙潭

大七孔

天生桥

大七孔因进入景区的一座大七孔古桥而得名。以原始森林、峡谷、河流、地下湖为主体，景区内还有一座大自然鬼斧神工凿造而成的天生桥。距小七孔鸳鸯湖景区约5公里。

小七孔

小七孔景区在宽仅1公里、长12公里的狭长幽谷里，集洞、林、湖、瀑、石、水多种景观于一体，玲珑秀丽，令游客耳目一新，有“超级盆景”的美誉。现已经向游客开放的景点有铜鼓桥、小七孔古桥、涵碧潭、拉

小七孔古桥

雅瀑布、68级跌水瀑布、野鸭池、龟背山、一龙戏九珠、飞云洞、野猪林、水上森林、天钟洞、鸳鸯湖、卧龙潭、卧龙河生态长廊漂游等。

68级跌水瀑布

水春河峡谷

水春河全长13公里，是樟江风光最为秀丽的一段，以布依族古寨水春寨而得名。源起月亮山原始森林，向西流经荔波县城。水春河以险峰、峭壁、急滩、密林而独具一格。景区内的水春河峡谷漂流，将近3个小时，历经29道浪，到龙王洞才结束。

水春河峡谷

茂兰喀斯特森林

茂兰喀斯特森林是目前我国乃至世界上罕见的中亚热带喀斯特原生性较强的残存森林。作为一处珍贵的风景资源，它在相当广泛的程度上超脱了喀斯特风景的固定程式，改变了喀斯特荒芜的情调，把千姿百态的山光水景、地下溶洞与碧绿的森林景色糅合在一起，呈现出一幅完美的自然景色。喀斯特森林地貌景观进一步分为漏斗森林、洼地森林、盆地森林、槽谷森林四大类。

茂兰喀斯特

鸳鸯湖

特色观赏和体验 UNIQUE SCENERY & FESTIVALS

漂流

水春河漂流项目是荔波旅游的拳头产品，有世界最美的峡谷之美誉，集奇峰、植被、水质、水流、奇石于一体；既可漂流，也可徒步穿越，四季可游。

漂流最佳时间：4月至10月每天7：30～17：00。

水春河漂流

赏梅、观绿、缅红

联合国教科文组织国际人与生物圈保护区网络成员茂兰国家级自然保护区位于与樟江景区相望的荔波县东南部，是地球同纬度上绝无仅有的喀斯特森林生态系统，拥有2万多公顷的喀斯特原始森林，区内动植物资源十分丰富，是我国生物多样性的基因库。保护区境内还集中分布了两万多亩的野生梅林，是广大梅花爱好者品梅赏花、释怀逸兴的绝佳去处。

赏梅最佳时间：每年12月至次年3月（春节前后）。

万亩梅林

观赏瑶族风情

“打奔抢婚”和“凿壁谈婚”、打猎舞、瑶麓洞葬（瑶麓瑶族）、“现代”的服饰、瑶族猴鼓舞、正月瑶山“陀螺节”、瑶族禾仓、瑶山砍牛、瑶山人和鸟、瑶族民族歌舞表演（瑶山瑶族）、品味美味独特的“瑶王宴”。

白裤瑶

荔波樟江四季 SEASON

荔波属中亚热带季风性湿润气候，气候湿热，冬无严寒、夏无酷暑、四季如春，夏长冬短、无霜期长、雨量充沛。年平均气温18.3℃，无霜期283天，是一个天然大温室。樟江景区植被丰富，空气清新、负氧离子含量极高，是旅游观光、休闲度假之绝佳胜地。

荔波樟江

荔波樟江月平均气温、雨量和穿衣指数

月份	平均降雨量（毫米）	月平均气温（℃）	穿衣情况
1	26.6	8.4	厚毛衣外套
2	31.7	10.0	厚毛衣外套
3	40.9	13.9	薄毛衣外套
4	100.0	19.1	长袖T恤、衬衫
5	173.9	22.6	短衣裤、裙子
6	252.9	25.2	短衣裤、裙子
7	210.9	26.4	短衣裤、裙子
8	198.3	25.9	短衣裤、裙子
9	105.2	23.6	短衣裤、裙子
10	75.0	19.4	长袖T恤、衬衫
11	39.6	14.7	薄毛衣外套
12	17.6	10.4	厚毛衣外套

住宿 ACCOMMODATION

目前荔波的日接待能力近10000人，全县现有宾馆旅店120多家，其中星级宾馆30多家，能完全满足游客的住宿需求。宾馆从农家乐到四星级一应俱全，四家五星级、五家四星级酒店正在建设中，住宿条件优越，卫生舒适。

三力酒店

荔波县玉屏镇恩铭路1号

0854-3615888

房价：720元/间

大鹏商务酒店

荔波县玉屏镇樟江中路12号

0854-3615499

房价：438元/间

吉妮丽吉大酒店
荔波县玉屏镇建设西路49号
0854-3619666
房价：438元/间

怡景苑酒店
荔波县玉屏镇樟江北路42号
0854-3523333
房价：368元/间

荔波忆东精选酒店
荔波县玉屏镇樟江西路24号
0854-3619888
房价：388元/间

顺庆宾馆
荔波县玉屏镇樟江北路30号
0854-3616889
房价：328元/间

樟江大厦
荔波县玉屏镇樟江东路33号
0854-3618888
房价：180元/间

青旅大酒店
荔波县玉屏镇民族路28号
0854-3613158
房价：100元/间

溪桥宾馆
荔波县玉屏镇樟江中路17号
0854-3618666
房价：100元/间

龙福山庄
荔波县瑶山乡高桥村拉柳组（小七孔景区东大门）
0854-3561106
房价：188元/间

白岩“泰美乡居”休闲旅游度假村
荔波县玉屏镇时来村白岩组
0854-3612253
房价：80元/间
（以上价格以实际为准）

美食推荐 CUISINE

在荔波旅游，不仅能饱眼福，还能饱口福，这里的饮食文化源远流长，酒店、餐馆除了提供各种口味的传统菜肴外，许多本地民族特色菜肴和地方小吃更是让游客爱不释“口”。主要特色食谱有瑶山鸡、干竹笋、酸肉、水蕨菜、风猪、盐酸扣肉、臭酸、牛骨酸、笋果酸等，特色小吃有荔波米粉、米片、米花、干粉、锅贴、烤鱼、杨梅汤、冰粉、丝娃娃等，饮食原料全部来源于大自然，是天然的绿色食品，不仅风味独特，而且营养价值极高，还有着当地少数民族的食风。

烤鱼

酸肉

购物指南 SHOPPING GUIDE

荔波民间传统工艺精湛，独具地方特色，如水族马尾绣、布依族土花布、凉席、精致的银饰、竹编、芒编、藤编等深受游客喜爱，有的还远销国外。

同民族风情一样，荔波县的农村土特产品也甚有地方特色和民族风味，比较著名的有米片、干竹笋、野生香菇、牛肉干、瑶山鸡、油桐、芭蕉、早桃、甲良长角辣、茂兰黄牛、长毛糯、荔波卜柚、青虾、水蕨菜等。

布依族土花布

赤水 风景名胜区

赤水风景名胜区位于遵义赤水市境内，赤水河中下游，与四川毗邻。赤水处于贵州高原向四川盆地过渡带，海拔高差大(221～1703米)，地形切割强烈，垂直高差明显，属中亚热带气候区，雨量充沛，年均降雨量1292.3毫米，适合多种植物生长。这里地貌奇特，山峰挺秀，森林葱郁，沟壑纵横，百川竞流，物种繁多，天朗气清，是全国首个以行政区命名的国家级风景名胜区。风景名胜区面积为328平方公里，拥有赤水大瀑布（十丈洞）、四洞沟等七大景区，18个独立景点，以及桫椤国家级自然保护区、燕子岩国家森林公园、竹海国家森林公园、中国侏罗纪公园四大国家自然保护区和生态旅游园林，景观以瀑布、竹海、桫椤、丹霞地貌、原始森林等为主要特色，兼有历史文化、红军长征遗址等人文历史胜迹。丰富的旅游资源均以原始古朴、自然天成著称，被中外专家誉为“千瀑之市、竹子之乡、丹霞之冠、长征遗址、桫椤王国”。是集生态、科普、考古、观光、文化、休闲、度假、保健为一体的自然生态旅游和历史文化旅游胜地。2010年8月2日被联合国教科文组织世界遗产委员会列入中国丹霞·赤水世界自然遗产地。

管理机构：赤水市风景名胜区管理局
地址：赤水市人民南路43号
邮编：564700
电话：0852-2889002
网址：http://www.cslyw.com

佛光岩

MAP

赤水风景名胜区导游图

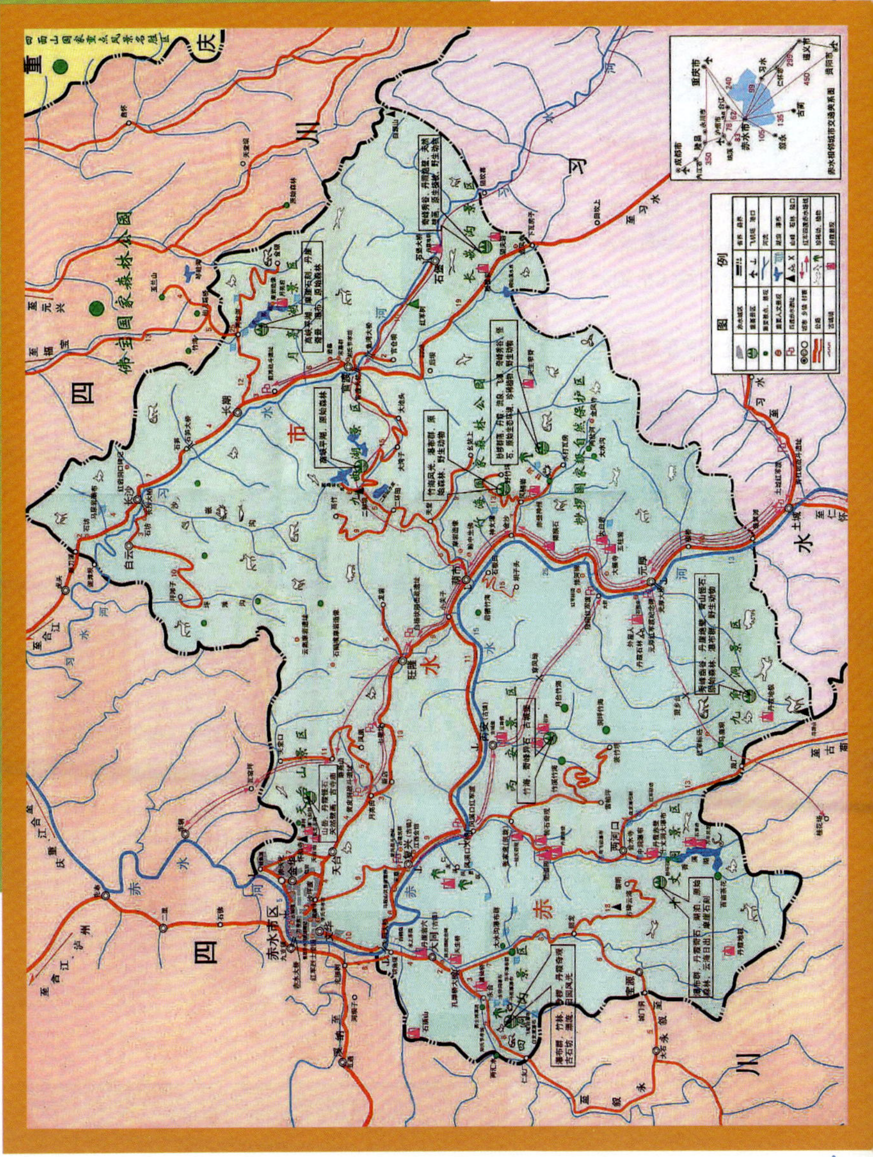

交通 出行宝典 TRANSPORTATION

（一）区外交通

重庆乘车到赤水，全程240公里；

成都乘车到赤水，全程350公里；

泸州（机场）乘车到赤水，全程78公里；

贵阳乘车到赤水，全程450公里；

贵阳乘飞机到泸州（40分钟），再转乘车到赤水；

遵义乘车到赤水，全程290公里。

（二）区内交通

赤水市区内有班车、包车去各个景区。

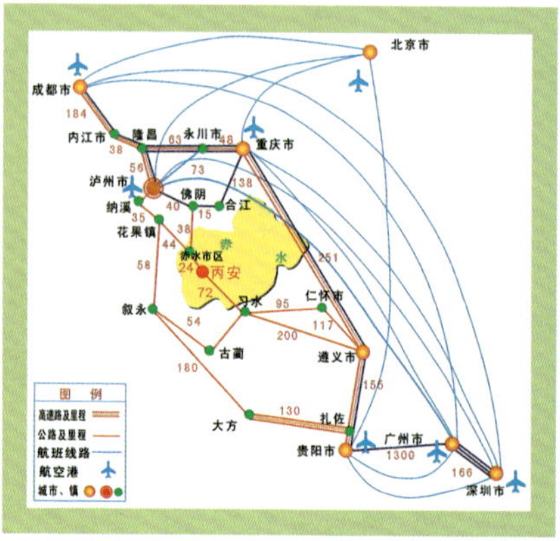

区域交通图

旅游服务 TRAVEL SERVICE

大瀑布景区

门票：40元/人

景区电话：0852-2021166

燕子岩景区

门票：25元/人

景区电话：0852-2725806

四洞沟景区

门票：30元/人

景区电话：0852-2911044

佛光岩（五柱峰）景区

门票：30元/人

景区电话：13985213707

杨家岩（红石野谷）景区

门票：30元/人

景区电话：0852-2911202

精品线路

1. 赤水—杨家岩—大同古镇—四洞沟
2. 赤水—十丈洞—燕子岩—丙安古镇
3. 赤水—侏罗纪公园—竹海—五柱峰

十丈洞大瀑布

赤水大瀑布

十丈洞大瀑布高76米、宽80米，气势磅礴，雄伟壮观，被地质专家誉为“中国丹霞第一大瀑布”，是中国丹霞赤水世界自然遗产地的典型代表。景区内环境封闭，森林原始，生态系统完善，地势险峻，风景旅游资源独具魅力，集翠、秀、幽、奇、绝为一体，是观赏自然生态风光的胜地。

燕子岩景区

燕子岩景区总面积16万亩，分别由燕子岩、皇水沟、石闪坪、恒山林海等四大景段构成。景区内环境封闭，森林原始，生态系统完善，地势险峻，风景旅游资源独具魅力，集翠、秀、幽、奇、绝为一体，是观赏自然生态风光的胜地。

四洞沟景区

生态画廊四洞沟景区峡谷幽翠、飞泉成瀑。山间翠竹繁茂，红色石径曲折延展，丹霞奇石屹立山巅，棕红色虫茶琼浆四溢飘香，浓缩成一幅重彩山水画卷。海内外专家盛赞四洞沟景区是“没有败笔的景区”、“小家碧玉”、“万竹之园”等。进入四洞沟梯级瀑布群景区，您可以观赏到珠帘悬挂、声若雷鸣、气势万钧的水帘洞瀑布，秀美如弯型银梳的月亮潭瀑布，巨石中穿波涌湖青的飞蛙崖瀑布，飞流直下60米雨雾弥漫、气势恢弘的白龙潭。

四洞沟

佛光岩（五柱峰）景区

佛光岩（五柱峰）景区素有“丹霞第一园”、“赤景一绝”等美誉，以“丹霞绝壁、天下奇观”的大白岩和“天造地设、鬼斧神工”的五柱峰为主体景观。是中国丹霞赤水世界自然遗产地的典型代表。

佛光岩

杨家岩（红石野谷）景区

杨家岩（红石野谷）景区以红色蜂窝状的丹霞壁画石刻长廊为特色景观，如佛、如蛙、如鹿等各种奇形怪状、千姿百态的红石与桫椤，茂密的竹林、清澈见底的溪泉瀑布，把人带到了原始、自然、幽静的侏罗纪时代。

红石野谷

特色观赏和体验 UNIQUE SCENERY & FESTIVALS

红色旅游

境内有 “四渡赤水”、黄陂洞丙安红一军团陈列馆等多处红军战斗遗址，是中央红色精品旅游线路的重要组成部分。

古镇旅游

境内有贵州省历史文化保护单位赤水古城墙、大同古镇等；有中国历史文化名村－丙安古镇等若干历史文化遗迹。

地方风情

大同苗寨。

赤水四季 SEASON

赤水属南亚热带季风湿润气候。四季分明，水热同季（6～9月），年平均气温为18.1℃，年降雨量为1297.3毫米，年平均相对湿度82%，无霜期335天。一年四季皆可游览，最佳季节为3～11月。

住宿 ACCOMMODATION

中悦大酒店（四星）

赤水市黄金地段市中南正街

总台 0852-2823888

餐饮部 0852-2824888（订餐）

嘉联宾馆（三星）

赤水市人民南路

0852-2820222，2880588

传真：0852-2880969

赤天化宾馆（三星）

赤水市化工路东皇坡

0852-2877081转0

传真：0852-2877086

另外，景区公路沿线均设有乡村旅社，经旅游局认定的乡村旅游点及乡村旅社有复兴凯旋村、大同古镇客栈。

中悦大酒店

嘉联宾馆

赤天化宾馆

美食推荐 CUISINE

赤水以熊猫餐、丹霞山野宴、赤水河鲜鱼宴、瀑布豆花宴等四大地方菜系为主，另外有猪儿粑、黄糕粑、辣壳面、剑光汤圆、豆花面等富有地方特色的风味名吃。

购物指南 SHOPPING GUIDE

赤水旅游商品琳琅满目，品种齐全，食品主要有红赤水系列等地方特色食品；有赤水山宝系列、石斛饮品等保健品，有新宇公司竹制品系列和地方纯手工雕刻等竹居家用品和竹工艺品，有赤水晒醋等佳肴调味品等。

马岭河峡谷—万峰湖 风景名胜区

马岭河峡谷–万峰湖风景名胜区是1994年1月经国务院审批公布的第三批国家重点风景名胜区，同时也是国家自然遗产地、国家地质公园。它位于黔西南州兴义市境内，与广西、云南毗邻。风景名胜区面积450平方公里，包括马岭河峡谷、东西峰林、万峰湖三大部分，是以万峰、千岛、百瀑、奇谷彩画的神奇地缝为景观特色的风景名胜区。景区内人文古迹多，民族风情浓郁，气候温和湿润，年均温15～18℃，四季如春，昼夜温差小，冬无严寒，夏无酷暑，是人们寻幽、览胜、访古、探奇、避暑、休闲的胜地。

管理机构：马岭河峡谷风景名胜区管理处
地址：贵州省兴义市马岭河峡谷风景名胜区内
邮编：562400
办公室电话：0859–3114999
传真：0859–3114455
门户网站：www.mlhxg.com

群瀑竞流图

马岭河峡谷—万峰湖风景名胜区导游图 MAP

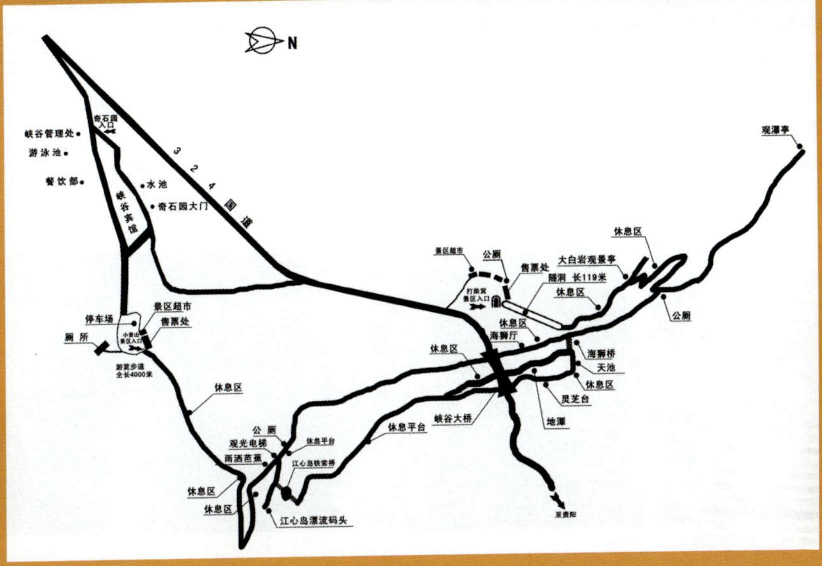

交通 出行宝典 TRANSPORTATION

马岭河峡谷位于贵州省兴义市境内，地处滇、黔、桂三省（区）交界地，交通便利。

1.贵阳—兴义，行程320公里，行车4.5小时。

2.云南昆明—兴义路线：昆明—兴义，客车行驶280公里（全程高速），行车3小时30分钟；昆明—兴义，火车行程320公里，行车5小时30分钟。

3.广西南宁—兴义路线：南宁—兴义，客车行程460公里（全程高速），行车4小时30分钟；南宁—兴义，火车行程484公里，行程7小时。

4.广东广州—兴义（火车），行车18小时，硬卧票价320元。

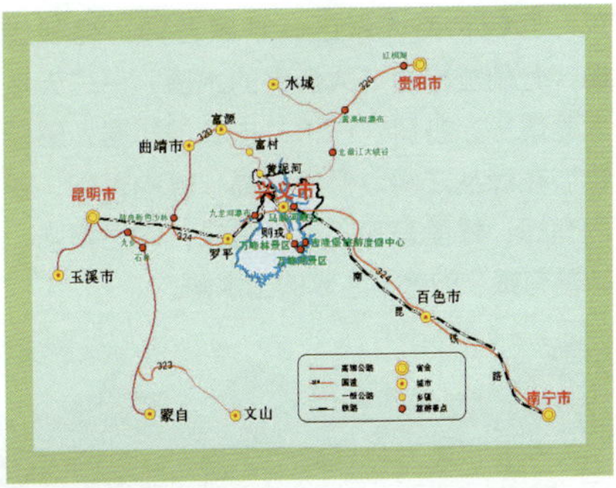

区域交通图

马岭河峡谷风景区距市区仅4公里，乘坐4路公交车即可到达，票价1元。

马岭河峡谷

马岭河峡谷以地缝嶂谷、群瀑横飞、碳酸钙壁挂形成景观特色。谷长74.8公里，谷宽50～150米，谷深120～280米，谷底低于地面200米。由于“千泉归壑溪水溯蚀”的作用，孕育出多姿多彩的峡谷奇观。一是峡谷两壁孕育出规模宏大、气势壮观、错落有致的钙化岩，构成了特有的岩石瀑布；二是景区中有大小瀑布百余条，其中天星画廊1.7公里内有瀑布20余条，如万马咆哮瀑、珍珠瀑、间歇五叠瀑等，瀑高120～170米，瀑宽5～100米，壮如银河缺口，柔似袅袅娜娜；三是有众多鲜为人知的水帘洞。在马岭河峡谷游览，你将感受大自然的无限神奇。峡谷深幽，栈道攀崖而行，曲曲折折，引人入胜，沿道而游，如进画中，一步一景，步移景异，令人流连忘返。“云奇石更奇，奇绝画难比。写奇唯有诗，诗在空山里”。

马岭河峡谷—天沟地缝

索桥

万峰林

万峰林是典型的喀斯特盆谷峰林地貌，由成千上万座奇峰秀石组成，绵延数百公里，以气势宏大壮阔，整体造型完美，山峰密集奇特而备受中外游客的青睐。它分为东、西峰林两大景区，景致各异，相映成趣，分别被称为“大自然的水画”、“天然大盆景”。古树、古桥、古朴的村寨、田园镶嵌在峰丛之间，俨然一幅“峰内有谷，谷内有峰；峰里有田，田里有峰；峰里有寨，寨前有峰”的美不胜收的山水画。

万峰林—田园风光

红椿—湖光山色

万峰湖图

万峰湖

万峰湖深藏于万峰之中，是由上千个全岛、半岛构成的烟波浩荡、壮阔旖旎的高峡平湖，面积160平方公里，蓄水量102亿立方米。微风习习，碧波荡漾，山伏寨影，奇景迷人，是一幅“落霞与孤鹜齐飞，秋水共长天一色”的湖光山色美景。

特色观赏和体验 UNIQUE SCENERY & FESTIVALS

1.徒步游览神奇的天沟地缝，看地缝嶂谷、群瀑横飞、碳酸钙壁挂。

2.乘车游览万峰林，看万峰耸峙、洼地跌宕、美如画卷的山水田园景观。

3.游南龙布依古寨，听八音座唱古乐，让人思绪万千。

4.参加马岭河峡谷漂流，体验惊险刺激、急流勇往的情趣。马岭河峡谷漂流为大西南之一绝。目前已开放的漂流线长达12公里，一年四季宜漂，水大有水大的妙处，水小有水小的趣味。在这条漂流线上，共经历18个滩、20个湾、30个潭，可谓峰回路转，步移景迁。可观赏的两岸“壁画”达30余万平方米，与流水、瀑布交相辉映，美不胜收。裂谷两岸高耸的丹霞赤壁上，还有古庙、古桥、古寨、古营盘、古战场、古驿道、古石碑、千年古榕树、古人类遗址等人文景观。

5.游盘江奇石园，看盘江奇石、贵州龙化石等，了解大自然的鬼斧神工和三叠纪地质面貌。

6.红椿景区距马岭河峡谷35公里，景区集谷、峰、湖于一体，山水交融，美如仙境，令人流连忘返。目前，景区已开设露营、汽车自驾营地、野钓、山地自行车康体游等休闲度假旅游服务。

马岭河瀑布

夕照八卦图

漂流

马岭河峡谷－万峰湖四季 SEASON

马岭河风景名胜区处于亚热带季风气候区，温和湿润，年均气温15～18℃，年降水量1424毫米。由于地处高海拔低纬度地带，四季如春，昼夜温差小，冬无严寒，夏无酷暑。

马岭河瀑布

住宿 ACCOMMODATION

兴义市区现有三星级宾馆3家、四星级宾馆3家、五星级宾馆3家，其他宾馆、旅行社、饭店约300家，床位近10000张，能满足旅客需要。

富康国际酒店（五星级）

0859－3666666　标准间价格：888元/间

黔山皇冠酒店（五星级）

0859－3115559　标准间价格：898元/间

金州翠湖宾馆（五星级）

0859－3619999　标准间价格：1080元/间

民航酒店（四星级）

0859－3126666　标准间价格：680元/间

盘江宾馆（三星级）

0859－3223456　标准间价格：380元/间

峡谷宾馆

0859－3116888　标准间价格：368元/间

（以上价格以实际为准）

富康国际酒店

黔山酒店

美食推荐 CUISINE

马岭河峡谷景区服务设施依托兴义市，市内风味小吃众多。主要有：舒记杠子面、邹记鸡肉汤圆、羊肉粉、郑记刷把头、凉剪粉、邱氏蛋糕、泡萝卜、兴义烤鸭、兴义狗肉等，做法考究，色、香、味俱全，价格经济实惠，吸引南来北往的客人。

舒记杠子面

邹记鸡肉汤圆

购物指南 SHOPPING GUIDE

旅游纪念品以少数民族手工艺品为主，如土织布、蜡染、布依族乐器等，土特产主要有大红袍（橘子）、海子梨、黑木耳等。

万峰林主峰林

都匀斗篷山—剑江 风景名胜区

都匀斗篷山—剑江风景名胜区位于都匀市西北部，距市区22公里。2004年1月都匀斗篷山—剑江风景名胜区经国务院批准为国家第五批重点风景名胜区。都匀斗篷山—剑江风景名胜区包括高山、高山草场、峡谷、飞瀑、河流，有神奇的岩溶地貌、繁多的生物种群，深厚的历史文化积淀，浓郁的民族风情；处处保留着大西南少数民族地区粗犷、神秘的野趣，处处洋溢着云贵高原人与自然的和谐，处处闪烁着山山水水幽静的灵气，处处展示着岩溶地貌的奇特和大自然的鬼斧神工，是一个集旅游、科考、科普教育、亲历自然、挑战极限、度假为一体的圣地。

斗篷山面积约61.8公里，主峰海拔1961米，为黔中第一高峰。主要由胡广峡谷景区、马腰河峡谷景区、黄河谷景区、天池景区组成。斗篷山被浩瀚的原始生态林和次生态林所覆盖，森林覆盖率达80%，因海拔高度不同而分布不同类别的植物种群。特别是以世界上特有的毛环方竹、国家一级珍稀树种红豆杉、南方红豆杉、二级珍稀树种马尾树分布为广。斗篷山所特有的高原湿地，山顶上美丽的天池，都给人以梦幻般的感觉。景区另一迷人的景观是峡谷风光，高悬的瀑布、飞湍的激流、轻吟的小溪、峡谷两岸陡峭的悬崖绝壁和原生态的森林植被，大自然之和谐、生态环境之优美，让人流连忘返。剑江景区则是以众多的人文景观吸引着八方游客。发源于斗篷山的剑江河，两岸的风光如画，沿两岸河滨路，高楼鳞次栉比，高大的建筑物倒映水中，河面各式桥梁如彩虹飞架；最让人心旷神怡的是河段的翻板坝，使整条河流成了天然的泳池。景区内的各式公园和沿街的绿化，使城市绿化覆盖率达到了40%。

管理机构：中国·都匀斗篷山——剑江国家级风景名胜区管理处

地址：贵州省都匀市文明路63号

邮编：558000

电话：0854-8256098，8227807，8227160

传真：0854-8227807

电子邮箱：dpsjj@126.com

门户网站：www.dps-jj.cn

都匀斗篷山—剑江风景名胜区导游图 MAP

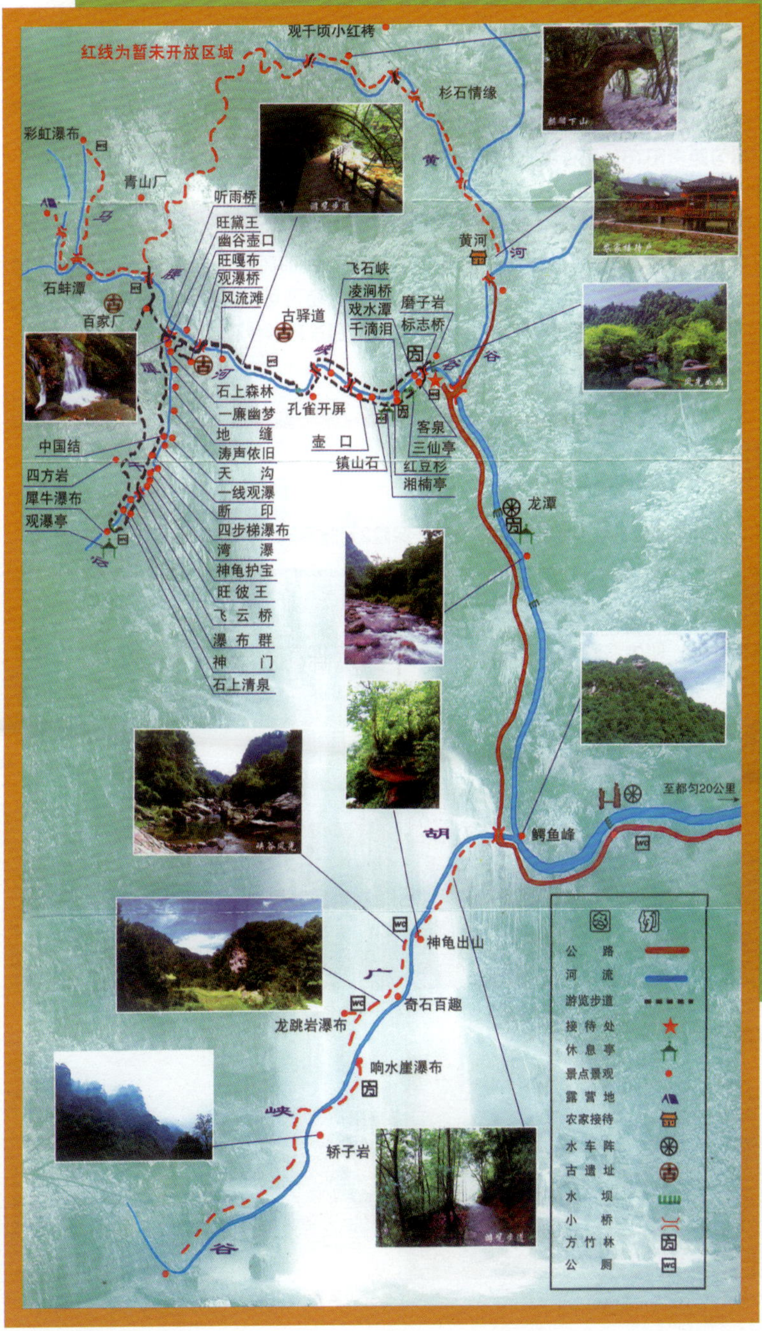

交通 出行宝典 TRANSPORTATION

（一）区外交通

境内有黔桂铁路、贵新高等级公路、207省道纵贯南北，321国道、丹桂、都惠公路横贯东西。都匀距贵阳78公里，乘大巴经高速公路1小时即可到达都匀。每天从都匀老火车站前有车往返景区。上午8：00分别从景区和老火车站对开，整点发车，票价8元，1小时可达景区。

自驾车经市区向北，经沙坝→桥头堡→305厂→茶园水库→景区。全程22公里。景区接待处有近2000平方米的停车场。

特别提示：过305厂后20余公里无汽车修理和加油站，山高路险，崎岖弯急，遵章驾驶，谨慎行车，安全第一。

（二）区内交通

目前风景区内没有观光车、索道和缆车，游客可以乘坐旅游面包车到达接待中心后通过环形步道游览。

旅游服务 TRAVEL SERVICE

斗篷山门票为50元/人（通票），意外责任保险2元需另购。进入景区后无其他门票。

精品线路

马腰河峡谷—犀牛潭瀑布—百里花坡—红岩瀑布—四方岩—百家厂—彩虹瀑布—黄河—市区

马腰河峡谷

雾锁轿子岩

斗篷山美景（一）

斗篷山美景（二）

斗篷山马腰河峡谷景区
斗篷山天池景区
斗篷山黄河谷景区
斗篷山胡广峡谷景区
都柳江景区
坝固镇
洛邦镇
大坪镇
王司镇
小围寨镇
沙包堡镇
杨柳街镇
甘塘镇
摆忙
江洲镇
平浪镇
墨冲镇
河阳
良亩
凯口镇
石龙
至丹寨
至贵定
区域交通图

犀牛瀑布

犀牛瀑布落差近50米，丰水期每秒流量近1立方米，从悬崖之巅跌落，凭高作浪，发出轰然巨响，捣珠崩玉，飞沫反涌，如烟雾腾空，气势极为壮观，其阳刚气势与周围峥嵘古树林的清隽，水乳交融，向人们展示着山水间惊心动魄的抗争画面。而到了枯水时节，瀑布如水晶珍帘轻挂于悬岩与绿树之间，浅唱轻吟，瀑帘背后，有高逾1米的横岩，凹陷成廊，构成天然水帘洞，入洞观瀑，洞外瀑声轰鸣，水雾迷蒙，惊心动魄，妙趣横生，柔媚之态，更令游人怦然心动。

瀑布

百里花坡

百里花坡分布在斗篷山主峰海拔1600～1800米的缓坡地带，面积近80公顷，每逢春夏时节，山花铺山盖岭，千姿百态，艳若朝霞，色彩斑斓，绚丽多姿，令人迷醉。到了秋冬季节，遍山的白色芭茅随风摇曳，素若白幔，淡妆素抹，构成一幅壮阔的画卷。游览至此，总要想起宋代杨万里的感慨：“何须名苑看春风，一路山花不负侬”。

百里花坡

都匀斗篷山—剑江四季 SEASON

都匀斗篷山—剑江风景名胜区地处东南亚季风区，属亚热带季风气候，年平均气温16℃，平均年降雨量1431.1毫米，热量丰富，雨量丰沛，雨热同季，冬无严寒、夏无酷暑。

斗篷山天池

住宿 ACCOMMODATION

斗篷山游客中心的餐饮、住宿和消费档次为中、低档。食品以当地土鸡、鸭、鱼、野猪、野生菌、野蔬菜等特色野生菜为主。住宿一般每天200元/间。

美食推荐 CUISINE

野菜、野猪、野生菌、腊肉、土鸡、土鸭、土狗等。

购物指南 SHOPPING GUIDE

景区游客中心设有购物中心，主要销售当地名特优产品：都匀毛尖茶——中国十大名茶之一，匀酒—贵州老八大名酒，野生菌、板栗、猕猴桃、天麻、杜仲、柿子等。

九洞天 风景名胜区

九洞天风景名胜区位于毕节市大方县境内，距离大方县城60公里，杭瑞与厦蓉高速公路在此交会。风景区全长23公里，总面积约80平方公里，是乌江干流六冲河流经大方、纳雍两县之间的一段以伏流为主的喀斯特熔岩综合地带。在这一段长约6公里的河道上，箱形切割顶板多处塌陷，形成了多个形状、大小各异的天窗状洞口，使得伏流一路明暗交替，组成集伏流、峡谷、溶洞、天桥、天坑、石林、瀑布、冒泉及钟乳石、卷曲石、生物化石等为一体的雄奇瑰丽的熔岩大观。因其天窗洞口共有九个，因此谓之“九洞天”。

风景名胜区包括九洞天、总溪河、梯子岩等三个景区，形成了“山中水水中山山山水水独占山中魂，洞上桥桥上洞洞洞桥桥别有洞桥天”的独特风貌，被誉为“中国岩溶地貌的百科全书”。

管理机构：毕节市九洞天国家重点风景名胜区管理局

地址：毕节市大方县猫场镇

邮编：551605

电话：0857-5764111

九洞天

MAP

九洞天风景名胜区导游图

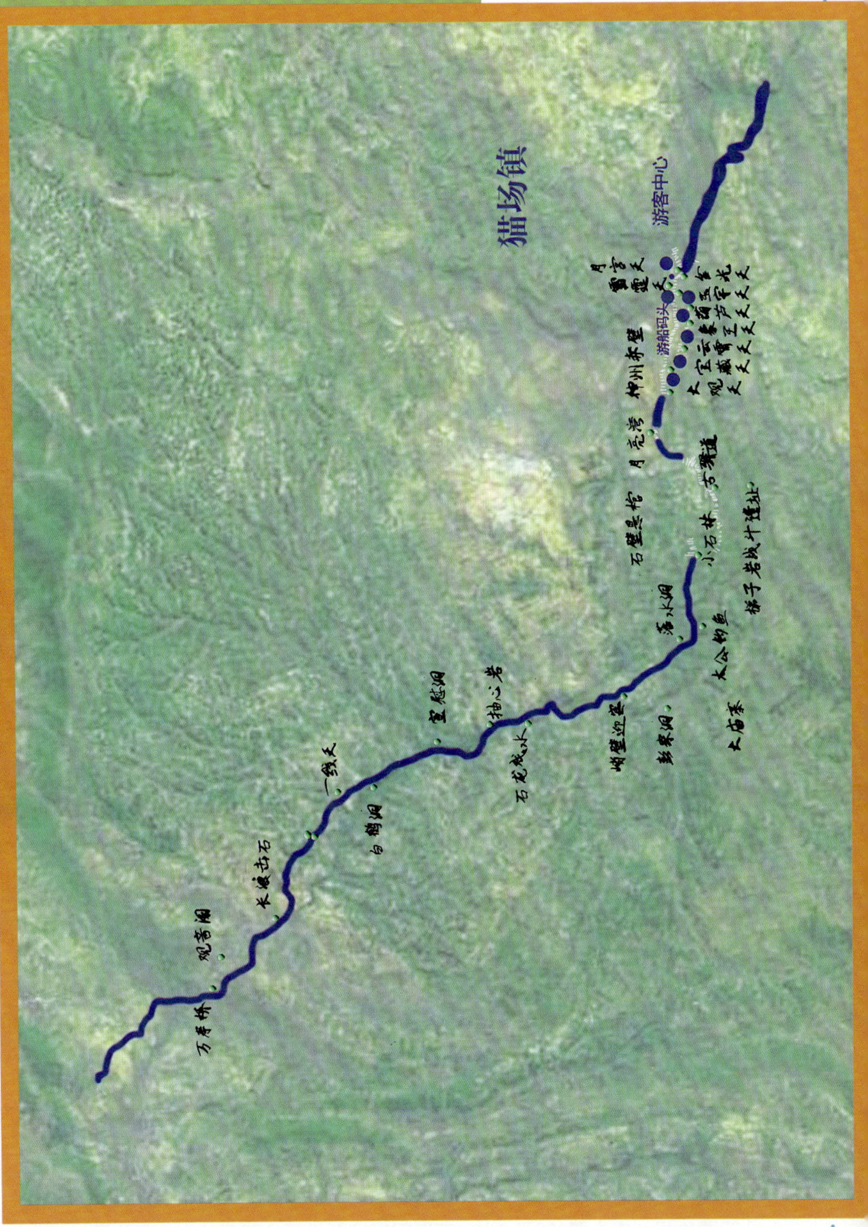

交通 出行宝典 TRANSPORTATION

公路：贵阳—大方—猫场—九洞天（183公里）。

返程：九洞天—纳雍化作—维新—毕节—贵阳（262公里）。

乘船：可由大方、黔西经支嘎阿鲁湖抵九洞天景区下游。

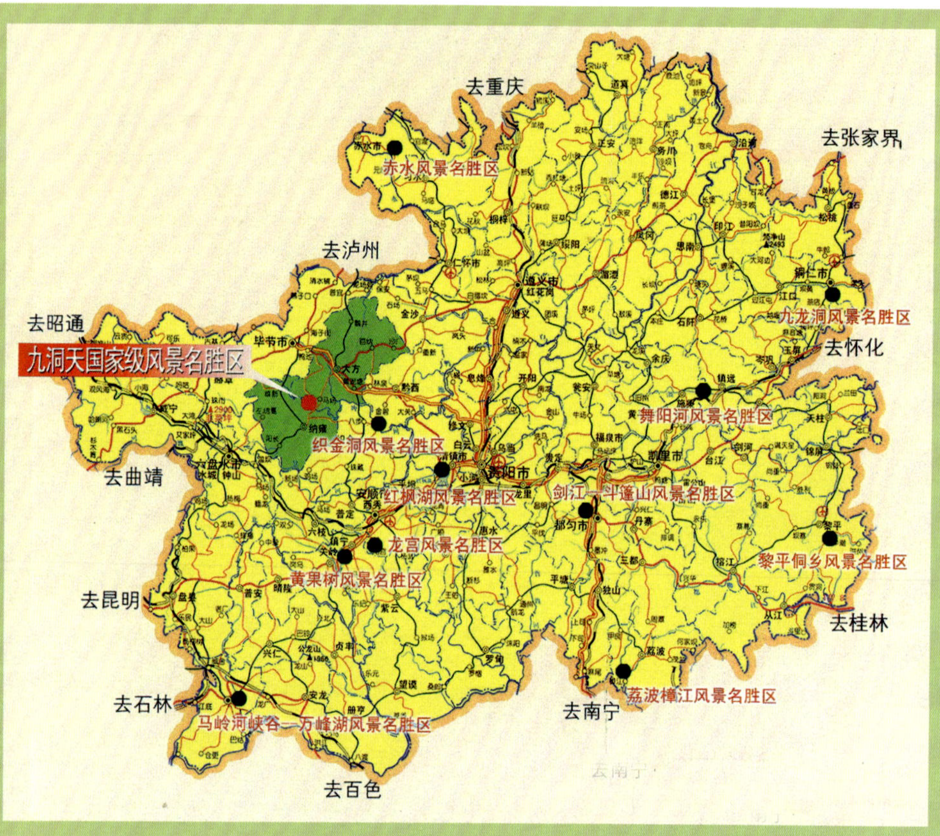

区域交通图

旅游服务 TRAVEL SERVICE

门票价格：成人票100元／人，在同程网订票优惠价80元／人；团队票（10人以上）100元／人，同程网优惠价70元／人。（含洞内船票）

景区开放时间：8：00～18：00

游客投诉　☎ 0857-5764111

一洞天

一洞天“月宫天”为旱洞，内宽阔，是进洞的大厅，面积约3000多平方米，平均高为80米，洞壁洞顶上钟乳石千奇百怪，壮丽非凡。

月宫天

二洞天

二洞天“雷霆天”现辟为发电洞室，通过闸门控制引取落差11米的水发电，是国内罕见的无厂房天然洞内发电站，极为经济。

雷霆天

三洞天

三洞天“金光天”洞内高大宽阔，迂回幽静，左岸石壁异常光滑，如刀砍斧削，右岸壁上悬挂着五颜六色的钟乳石。

四洞天

四洞天“玉宇天”是由多个洞穴组成的天然景区，洞内钟乳石或似塔形，或如殿宇，晶莹剔透，形象逼真。

金光天

玉宇天

五洞天

五洞天“葫芦天”呈葫芦状的暗湖，上收下放，自然而成。

六洞天

六洞天“象王天”为相连的天生桥洞窗，顶部距水平面约百米，十分险要。

七洞天

七洞天“云霄天”是一大旱洞，洞内千疮百孔，互相可通，能容纳数千人。

八洞天

八洞天“宝藏天”洞口宽仅两三米，而高达数十米，好似高楼窄巷，阳光折射进去，水面光色变幻无穷。

九洞天

九洞天“大观天”内的溶洞共分三层，下层奇形怪状的水洞暗湖与八洞天相通，四通八达。中层有一座长90米、宽120米的巨大天生桥，成“门”字形，从桥下广场俯视观水洞，神秘莫测，抬头仰望，苍穹被画为两个巨大的圆弧，好似牛郎织女相会时的鹊桥。上层是与天生桥拱平行的洞厅，面积约数万平方米，无数洞穴口相通相连，形成立体迷宫，举世罕见。

九洞天风光

特色观赏和体验 UNIQUE SCENERY & FESTIVALS

九洞天

毕节是个多民族聚居地，这里的风土人情多姿多彩，民俗礼仪古老独特。彝族、苗族、仡佬族、布依族。变换奇特的天象景观，云蒸霞蔚的云海奇观，峰峦叠嶂的喀斯特地质地貌是摄影爱好者理想的创作基地。

住宿 ACCOMMODATION

九洞天宾馆 ☎ 0857-5740207 标准间价格：80～160元/间

九洞天根艺博物馆游客接待中心 标准间价格：120元/间

另外，猫场镇上有家庭小旅馆，价格在50元/间左右，公用卫生间。

美食推荐 CUISINE

乌鸡野菜火锅：所取食材均为当地特产的清炖乌骨鸡、竹荪、野生菌类。蔬菜更是令人叫绝，有不常见的三七叶，也有常见却鲜有人问津的瓜叶、辣椒叶、红薯叶，细嚼起来，清香可口又各有特色。（九洞天根艺博物馆游客接待中心餐厅提供）

大方县盛产优质豆制品，有驰名的臭豆干、臭豆豉、豆腐竹及豆棒、豆腐、豆芽、豆花、豆腐脑，豆干火锅更是今年来的一大创新。

乌鸡野菜火锅

购物指南 SHOPPING GUIDE

名优土特产品：九洞天仙茗、绿茶。

根艺奇石：所产奇石以乌江石、墨晶玉、千层石、硅化木为主。九洞天根艺博物馆在2007年中国北京第11届根艺石艺精品展获银奖，2010年10月中国柳州国际奇石节上荣获金奖和银奖各一，是九洞天风景区的文化品牌。

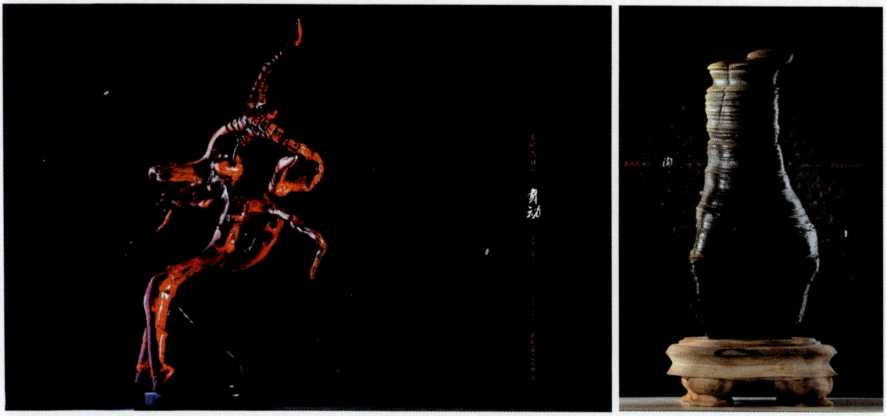

根艺奇石

九龙洞 风景名胜区

九龙洞风景名胜区位于铜仁市郊东南部，距离梵净山、凤凰古城较近，有旅游支线机场可达。风景名胜区面积56平方公里，景区内溶洞华丽神秘，山水秀丽，峡谷清幽，瀑布群壮观，四季景色绚丽多彩，气候宜人。散落在青山绿水间的40多个自然村寨，民风淳朴，民族文化灿烂，原生态的人文、自然景观保存完好，深入其中，犹如进入了“世外桃源”。风景名胜区包括九龙洞景区、六龙山景区和锦江景区。九龙洞内洞厅恢弘旷野，千姿百态的石笋石柱景观为世界罕见；六龙山四大峡谷，绝壁万丈，密林中深掩着许多瀑布、溶洞，令人神往，是探险者的乐园，同时也是旅游者冬观雪景、夏避酷暑、春览樱花、秋赏红叶的好去处；锦江是铜仁的母亲河。自古有“黔中各郡邑，独美于铜仁”的美誉。

管理机构：贵州省九龙洞风景名胜区管理处

地址：铜仁市九龙村

邮编：554300

值班电话：13595692525

传真：0856—5321399

电子邮箱：jld8000@163.com

门户网站：http://www.jldlyw.com

锦江风光

交通 出行宝典 TRANSPORTATION

区域交通图

（一）区外交通

机场地点：铜仁·凤凰机场：地处黔、湘两省交界处的贵州省松桃县大兴镇。距铜仁市城区21公里，距湘西州凤凰县城34公里，从铜仁市区到机场约半小时行程。

机场大巴：

市区发车：铜仁市北门航空酒店；按航班时间提前1小时发车；票价15元／人；行程30分钟。

机场发车：机场；每趟航班抵达都有机场大巴等候发车；票价15元／人；行程30分钟。

铁路：铜仁市区有火车站，乘坐便利。

公路：金滩车站有直达九龙洞的旅游专线车；票价10元／人；全程约17公里。

（二）区内交通

1.九龙洞景区可骑马上山，票价30元／人。

2.锦江景区晚上可乘船游览“梦幻锦江”，票价120元／人（普通游船）、160元／人（豪华游船）。

旅游服务 TRAVEL SERVICE

游客中心

九龙洞游客中心位于铜仁市九龙村仁家湾，占地面积2479.44平方米，是集景区介绍、旅游咨询、游程信息、导游服务、便民服务（邮政、通信、失物招领、物品寄存等）、景区形象展示、游客接待、投诉处理和安全提示以及医疗服务、残疾人设施提供等多种功能为一体的综合服务基地。

景区门票：90元/人

游客投诉电话：0856-6917063

游客须知：

1.景区内分岔路口和危险地带均有警示牌，请游客注意。

2.洞内外温差大，游客进出洞请注意添减衣物。

九龙洞游客中心

MAP

九龙洞风景名胜区导游图

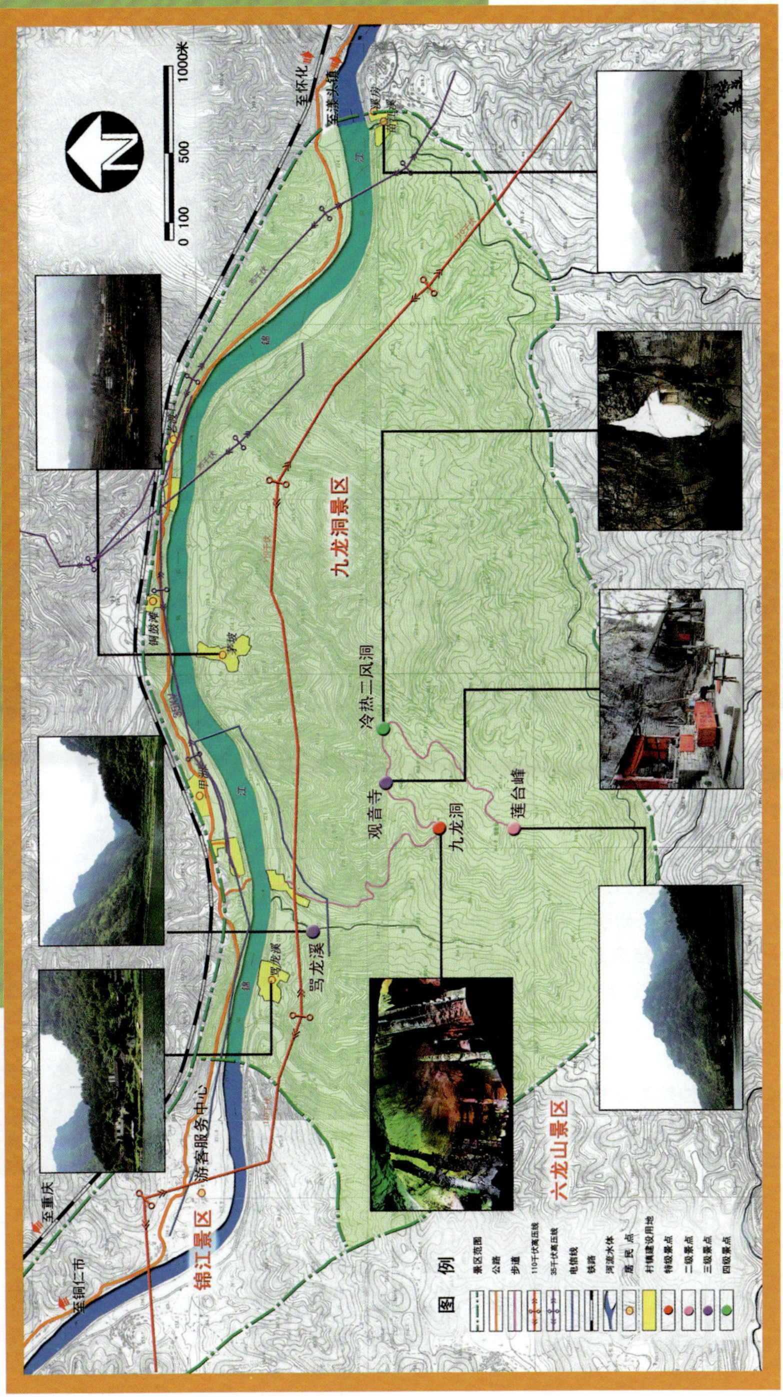

九龙洞景区

精品线路

清水桥—金滩大桥—骂龙溪—九龙洞—观音寺—冷热二风洞—莲台峰—水晶阁—芦家洞

九龙洞景区包括洞内景观、观音寺、莲台峰、骂龙溪、冷热二风洞。

典型的喀斯特地形，宏伟壮观的溶洞奇观，身临其境，登观音险峰，膜拜莲池观音，惊叹大自然的鬼斧神工是游九龙洞的乐趣所在。

洞内景观

六龙山景区

六龙山海拔1173千米，山体由纵横深切的大峡谷和气势磅礴的高山峻岭组成，耸立于湘西与铜仁接壤地带，方圆120余平方公里，森林覆盖率达86%以上，其中原始竹海就达十万余亩。六龙山常年云雾缭绕，野猪、刺猬、野山羊、红腹锦鸡、野鸡、竹鸡、竹鼠以及各种蛇类等上百种野生动物在其间繁衍生息。六龙山四大峡谷，绝壁万丈，密林中深掩着许多瀑布、溶洞，令人神往。

六龙山

精品线路

清水桥—金滩大桥—花果山—西门桥—兴市桥—铜岩—东山—水晶阁—芦家洞

锦江景区

入夜的锦江，尽情展示着浪漫与柔情。现代灯光技术与景观完美融合，把十里锦江装扮得如梦如幻。船行江中，但见长桥卧波，绿树掩映，铜岩雄踞，东山屹立，美不胜收。沿途，彩色激光美轮美奂，晶莹水幕如真似幻，让人流连忘返。

梦幻锦江

特色观赏和体验 UNIQUE SCENERY & FESTIVALS

鱼拓

鱼拓表演

天然钓都铜仁锦江拥有丰富的鱼资源，不仅是垂钓的理想场所，其丰富的水产资源也形成了铜仁特有的鱼拓文化。鱼拓作品上面可以描绘水草或山水，书法或题写诗词，钤盖印章，形成诗书画印的艺术品。

傩戏

源于远古时代，早在先秦时期就有既娱神又娱人的巫歌傩舞。明末清初，出现各种傩戏使用的面具。傩舞吸取戏曲形式，发展成为傩堂戏、端公戏。傩戏于康熙年间在湘西形成后，由沅水进入长江，向各地迅速发展，形成了不同的流派和艺术风格。

傩戏

九龙洞四季 SEASON

九龙洞四季景色各异，十分迷人。春时嫩芽点绿，瀑流轻快；夏来绿荫围溪，鸟飞燕舞；秋至红叶铺山，彩林满目；冬来雪裹山峦，冰瀑如玉。洞内四季温度保持在16～17℃左右，常年恒温，特点是晴天多云雾、夏日凉爽、空气清晰，洞口是天然的大空调。

九龙洞月平均气温、雨量和穿衣提示

月份	1	2	3	4	5	6	7	8	9	10	11	12
平均降雨量（毫米）	18	23	34	40	88	99	100.4	94	76	62.3	26	17
月平均气温（℃）	1.9	4.3	9.0	13.8	18.2	19.9	22.8	21.2	18.5	13.5	6.8	2.9
穿衣情况	羽绒衣	羽绒衣	厚毛衣	薄毛衣	薄羊毛衫	薄羊毛衫	薄外套	薄外套	薄羊毛衫	薄毛衣	厚毛衣	羽绒衣

住宿 ACCOMMODATION

九龙洞景区拥有各种档次的住宿宾馆数十家，从四星级宾馆到家庭旅馆，一应俱全，洁净卫生，温暖如家。

宝鑫大酒店

贵州省铜仁市东太大道888号

0856-5937666

豪华标间：499元/间

梵天索菲特大酒店

铜仁市开发区锦江大道8号

0856-5218888

豪华标间：388元/间

南长城大酒店

贵州省铜仁市金滩休闲港

0856-5938899

标准间：568元/间

温州大酒店

贵州省铜仁市大庆路85号

0856-6918888

标准间：458元/间

（以上价格以实际为准）

美食推荐 CUISINE

铜仁土地广阔而富饶，雨量充沛，日照充足，气候宜人，主产水稻、玉米、红薯、洋芋、大豆、油菜、花生、烤烟、西瓜、甘蔗等。特产小吃也品种繁多，让人垂涎三尺。除了日常便于携带的小吃江口豆腐干以外，就是美味的绿豆粉，还有：社饭、米虾、卷粉、糖麻圆、糖醋芝麻冰凉粉、糍粑、泡酸萝卜、油粑粑（又名为马泡）、绵菜粑、砂锅饭、砂锅粉、烧烤、麻辣烫（卤盘）等，都是独具特色的美味佳肴。

锅巴粉

绵菜粑

社饭

折耳根

购物指南 SHOPPING GUIDE

名、优土特产品：猕猴桃、德江野生天麻、土家族麻糖酒、梵净山薇菜、野生香菇、铜仁珍珠花生、皮蛋、干豇豆、梵净山葛根茶、葛根精粉、葛根粉丝、野生牛肝菌等。

工艺品、旅游纪念品：傩面具、思州石砚、玉屏箫笛、梵净山紫袍玉带石、石阡平山茶、银耳及藤器等。

玉屏箫笛

紫袍玉带石

黎平侗乡 风景名胜区

黎平侗乡国家级风景名胜区位于贵州省黎平县境内，地处湘、黔、桂三省交界，是贵州省东线旅游的窗口和主要景区。景区总面积156平方公里，以古朴自然、保存完整的侗族村寨及生态环境为依托，包括肇兴—地坪、坝寨—九潮、岩洞—口江、天生桥—八舟河四个景区，尚重、洪州两个独立景点和翘街古建筑群，是自然与文化有机融合的典范。景区拥有人类非物质文化遗产——侗族大歌，国家非物质文化遗产——侗族琵琶歌和侗戏，民族建筑鼓楼、花桥星罗棋布，宛若琼楼玉宇、人间天堂，被誉为“人类疲惫心灵栖息的最后家园”，是公认的“最具诱惑力的旅游目的地”。

管理机构：黎平侗乡风景名胜区管理处
地址：黎平县德凤镇荷花塘
邮编：557300
电话（传真）：0855-6223579

黎平侗乡

交通 出行宝典 TRANSPORTATION

（一）区外交通

黎平机场位于高屯，距黎平县城17公里，八舟河景区2公里，天生桥景点5公里。从广州到黎平机场的飞行时间约50分钟，贵阳到黎平机场的飞行时间约40分钟。机场到黎平县城有直达大巴，行驶时间约30分钟。

贵阳、凯里、怀化客车站均有直达黎平的客车。

高速公路、快速铁路穿过景区，厦蓉高速出口距肇兴7公里，距县城60公里，贵广快速铁路洛香站距肇兴7公里。

（二）区内交通

黎平侗寨有着便利的交通，从县城至各个侗寨都可以沿途欣赏原生态自然风光。

县城至各个侗寨，每40分钟一趟汽车：

黎平—中潮—潘老—永从—肇兴—堂安—地坪（全程103公里）。

黎平—坝寨—茅贡—地扪（全程48公里）。

黎平—翘街—八舟河—天生桥（全程23公里）。

黎平—岩洞—双江—黄岗（全程82公里）。

黎平—洛香—肇兴（高速67公里）。

旅游服务 TRAVEL SERVICE

肇兴游客服务中心位于肇兴侗寨中部，是一处集为游客提供景区交通、住宿、游览等一系列咨询以及紧急医疗服务为一体的综合服务设施。

肇兴乡派出所 0855–6130002

旅游投诉 0855–6221198

一条经典线路：八舟河（天生桥）—县城（翘街）—肇兴—堂安（中挪合作侗族生态博物馆）—地坪，融自然风光、红色文化及民族文化于一体。

两条延伸线路：游览山水风光、名胜古迹；听侗族大歌、看侗戏；体验民族风情、红色文化。

（1）黎平机场—翘街—流芳—高近—地扪—腊洞—大稼—尚重—平寨—固本—隆里—天生桥

（2）黎平机场—翘街—岩洞—铜关—口江—银朝—双江四寨—黄岗—三龙

肇兴侗寨——人类疲惫心灵栖息的最后家园

肇兴侗寨始建于宋朝（960～1279年），系一个东西走向的狭长谷地。全寨960多户，3800多人。寨内有5座鼓楼、5个戏台、5座花桥、3座萨坛，2条小溪横贯寨中。肇兴以鼓楼群最为著名，在侗族地区首屈一指，被誉为“鼓楼之乡”。居民有12个家族，组合成仁、义、礼、智、信5个“团”。肇兴侗寨被《中国国家地理》杂志社评为中国最美的乡村之一。

肇兴侗寨

地扪侗寨——侗戏文化的起源地

地扪侗寨位于黎平县茅贡北4公里处，有480多户，2100多人，是侗戏的起源地。代表性的文物有塘公祠、鼓楼、花桥等。在侗语里，地扪是“原生地”的意思。祖先定居地扪后，人丁发达，发展到1300多户，后分到茅贡、腊洞、登岑和罗大，其余的留下来成为“千三”总根。其中腊模鼓楼为“千三”之根，建寨之源。

地扪侗寨

翘街——苗侗地区的清明上河图

因其两头高，中间低，形如翘起的扁担，故称“翘街”。翘街文物古迹众多，有国家重点文物保护单位黎平会议会址及纪念馆、毛泽东故居、中央红军教导师驻址、中央红军干部休养连驻址、红军召开群众大会旧址，还有“两湖会馆”，及19世纪末基督教传教士所建的“福音堂”等。黎平会议会址为全国青少年爱国主义教育基地。所有景点免费向游客开放。

八舟河——悠扬婉约的西南水乡

八舟河由喀斯特地貌景观、亚热带喀斯特森林景观、河、溪、库水域景观、丘陵草场景观以及村寨田园风光组成。景区以八舟河为纽带，将“平湖飞瀑”、“草坪春色”、仙人岩、少寨溶洞群、桂花台、鸬鹚架、江心岛等景点串联起来，犹如一串翡翠珍珠。两岸怪石嶙峋，森林密被，阡陌纵横，水车悠悠，宛若一曲悠扬的乡间小调。

天生桥——世界上最大的天然石拱桥

桥宽118米，拱跨138米，拱高36.6米，拱顶岩层厚40米，为全球形体最大的天然石拱桥。该桥四周景观奇特，景色幽深迷人，桥顶及周边植被群落完整，生长着40多种乔木，以及种类繁多的灌木、藤本及草本植物。林间崖畔栖息着八哥、画眉等数十种珍禽。

地坪风雨桥——中华民族桥梁建筑的瑰宝

地坪风雨桥桥长 56 米，宽4.5米，离水面8米。桥廊上有桥楼3座，中间为5米高的四角攒尖顶鼓楼状小楼，两头均为3米高的3层重檐歇山顶小楼。全桥不用一钉一铆，全系穿榫衔接。2001年被列为国家重点文物保护单位。被喻为“世界建筑艺术的瑰宝”。

风雨桥

特色观赏和体验 UNIQUE SCENERY & FESTIVALS

侗族大歌

侗族大歌是中国侗族地区由民间歌队演唱的一种多声部、无指挥、无伴奏、自然和声的民间合唱音乐，是最具特色的中国民族民间音乐艺术，2005年进入我国第一批国家级非物质文化遗产名录，2009年9月30日被联合国教科文组织列入人类非物质文化遗产代表作名录。

侗族大歌

侗戏

侗戏是我国民间戏曲中的戏种之一，是侗族人民在长期的劳动生活中创造并喜闻乐见的艺术形式，具有独特的民族风格，是我国的民族民间戏剧艺术瑰宝之一。侗戏内容丰富多彩，形式清新活泼，有浓郁的乡土气息。2005年进入我国第一批国家级非物质文化遗产名录。

侗族琵琶

侗族琵琶是侗族弹拨弦鸣乐器，侗语称嘎黑元、嘎琵琶、嘎弹，是侗族人民喜闻乐见的一种弹唱歌曲。因为流行区域不同，因而各具特色。最具代表性的有三省坡地区的“洪州琵琶歌”和育洞河流域的“尚重琵琶歌”。2005年进入我国第一批国家级非物质文化遗产名录。

黎平侗乡四季 SEASON

黎平侗乡平均气温为17～18℃，无霜期280～300天，年平均降雨量1100～1300毫米。

住宿 ACCOMMODATION

肇兴宾馆：位于肇兴景区内，有嘉宾楼和贵宾楼，为侗族干阑式木建筑，按三星级标准设计，拥有标准客房48间和套房2间。

黎平县肇兴侗寨

0855—6130899

黎平港赛酒店：坐落在黎平县城中心繁华地段，拥有标准客房61间、豪华客房2套，为三星级酒店。

黎平县城平街51号（城中休闲广场对面）

0855—6230888

黎平大酒店：位于黎平县城北门新区，酒店距县客运车站仅200米，距机场11公里（专用公路），交通便捷，地理位置优越。拥有80套客房。

黎平县城北门新区

0855—6210666，6210999

客房

酒店大堂

美食推荐 CUISINE

黎平以侗族特色饮食为主。侗族嗜好酸味，自古便有“侗不离酸”的说法，他们自己亦称：“三天不吃酸，走路打倒窜。”在侗家菜中，带酸味的占半数以上，有“无菜不腌、无菜不酸”的说法。这些酸味菜经腌制而成，腌肉、腌鱼味道独特，不可不尝。

极具侗族特色的白蘸肉、紫血肉、牛瘪、烧鱼、酸汤鱼等都能让你大快朵颐。

此外，在黎平一带，人们喜好在饭前喝油茶。油茶一直是侗寨待客常见的食品，另有特色小吃侗果，颇具侗族风味。

如此的美味一般在黎平县城宾馆和各大小排档都能见到，如果想品尝得更原汁原味，山区各侗寨自然是理想去处，如肇兴侗寨等。

购物指南 SHOPPING GUIDE

在“艺术原生地”的黎平，可见各种各样的民族手工艺术品，主要有侗族服饰、侗族刺绣、侗族银饰（如银项圈、银背扣）、面具等，甚至还有被世人公认为最精美的刺绣艺术品——苗绣，都是旅游购物的首选。黎平是“侗戏艺术之乡”、“歌的海洋”，这里的侗笛、牛腿琴、芦笙等民族乐器也是上选佳品。

此外，黎平侗乡原始森林还盛产有名的雀舌茶，而侗乡茶油、腌鱼制品等也都品质优异，形、色、香、味俱佳，值得选购。

侗乡艺坊是黎平县旅游商品的集中地，在这里可买到侗族的各种竹木工艺品、侗族服饰及用品、刺绣。地址：黎平县城关翘街。

紫云格凸河穿洞 风景名胜区

紫云格凸河穿洞风景名胜区地处贵州省西南部，距贵阳市161公里、安顺市76公里，总面积56.8平方公里。“格凸”一词为苗语，意译为“圣地”。风景区包括大穿洞景区、大河景区、小穿洞景区、妖岩景区及多处独立景点。共有特级、一级景观5个，二级景观11个，三级景观14个。2005年12月31日被批准为第六批国家级风景名胜区，2006年6月被列入首批国家自然与文化双遗产名录，中国南方喀斯特自然遗产预选地。是贵州省文明风景区，贵州省攀岩运动基地，贵州省环境保护教育基地，贵州十大影响力景区，还是国家非物质文化遗产——《亚鲁王苗族英雄史诗》的发现地，是世界少有的喀斯特自然与民族文化公园。

风景区内各种喀斯特地貌类型较为齐全，以喀斯特地貌为基础，以穿洞群景观为代表，集峡谷河流、原生植被、苗族文化及风土人情景观于一体。这里有美丽壮观的格凸大穿洞绝景及壮观的万燕归巢；有世界第二大洞厅——苗厅；有世界上最深的地下河竖井天坑——响水洞；有世界保存最完好的古河道遗址——穿上洞、盲谷及神秘的谷中原始森林；有秀丽的夹山风光、世外桃源般的大河苗寨；有险峻的小穿洞峡谷、神秘美丽的天星洞；有人类最后的穴居部落——中洞苗寨；有能破解悬棺之谜、只有两户人家的脚杆寨……这些景观集岩溶、山、水、洞、石、林组合之精髓，融雄、奇、秀、险、幽、旷、奥为一身，构成一幅完美的风景图画。

管理机构：紫云格凸河穿洞风景名胜区管理处

邮编：550800

电话：0853-5236171

大穿洞绝景

紫云格凸河穿洞风景名胜区导游图

MAP

交通 出行宝典 TRANSPORTATION

从贵阳到景区189公里，乘坐公共汽车约60元，即：从贵阳乘空调大巴车到安顺35元，然后从安顺乘车到紫云18元，从紫云乘车到景区8元，期间仅需3个小时。同时，贵阳也有大巴车可直达紫云，票价为45元。

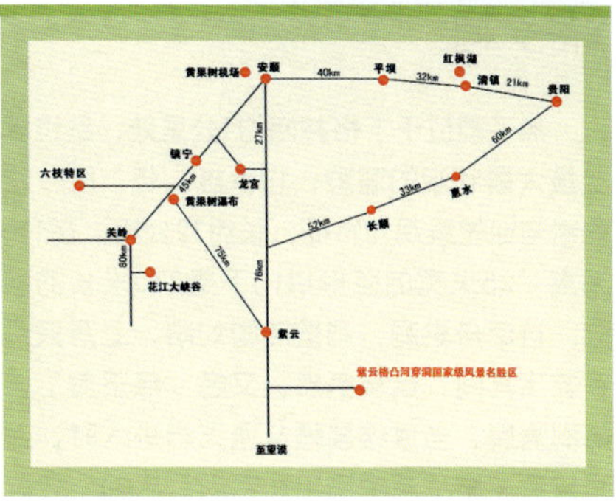

区域交通图

旅游服务 TRAVEL SERVICE

门票：60元/人。
景区内船票：50元/人。
大河苗寨民族绝技表演20元/人。
蜘蛛人攀岩表演60元/人。
电瓶车：20元/人。

导游服务费：大穿洞100元/天/团，小穿洞150元/天/团。

个人消费合计：一日游约300元左右；二日游约400元左右。

精品线路

特色一日游 出发至紫云格凸河，乘电瓶车至码头乘船至悬棺洞寻千年悬棺，观看夹山风光等景点，到世外桃源大河苗寨观赏“亚鲁王之刀山火海”、赤脚踩玻璃等民族歌舞表演，乘船至燕子洞码头登上世界最高的古河道遗址盲谷、下山观看世界最壮观的溶洞大燕子洞，最神奇的蜘蛛人徒手攀岩。

经典二日游 D1：出发至紫云，参观具有300多年历史的紫云佛教圣地紫云洞、特色民俗点“将军坟”；寻找最后的穴居部落“中洞苗寨”，观赏小穿洞峡谷风光、探险世界第二大洞厅苗厅。
D2：乘观光车至码头乘船至悬棺洞寻千年悬棺，沿途观看夹山风光等景点；到世外桃源大河苗寨观赏“亚鲁王之刀山火海”、赤脚踩玻璃等民族歌舞表演；乘船至燕子洞码头登上世界最高的古河道遗址盲谷；下山观看世界最壮观的溶洞燕子洞及观看最神奇的蜘蛛人徒手攀岩表演。

盲谷绝壁

盲谷

盲谷距穿上洞北边约500米，是由古地下河发育变迁遗址、四山石壁合围出的一条盲谷。它方圆十多平方公里，平均谷深约300米。环谷皆山，谷内人迹罕至，成了天然的植物王国，长满了木本植物和草本植物，共拥有植物近2000种。

燕子洞

燕子洞位于下格井南约1公里处，是世界上最大最壮观的溶洞，它以雄、奇、险、峻的岩溶地貌景观为特征，长约12公里，在116米高、25米宽的巨形拱门下是270米长的河湾。可泛舟进洞，洞壁陡峭如削，上万只燕子翻飞其间，筑巢栖息，又名“燕王宫”。每到清晨，当缕缕晨曦从通天洞进入时，上万只燕子便从洞内飞出，若彩云出岫，如紫气东来一般。

燕子洞

苗厅

苗厅位于燕子洞内7.8公里处，是1989年中法两国洞穴专家发现的，因附近有苗寨而赋名为“苗厅”，在小穿洞口往里走约500米处，洞长约700米，宽215米，平均高70米，面积达12万平方米，容积在700万立方米以上，是世界第二大喀斯特洞厅。洞内石笋、石柱、石幔等琳琅满目，在大厅的西北部有高达38米的巨大石笋，实属罕见。目前苗厅内有6个支洞尚未探明，在洪水季节，洪水将穿越大厅，从岩石上倾泻而下，形成多级暗河瀑布群，颇为壮观。

苗厅——一柱擎天

通天洞

通天洞在燕王宫洞内，河湾的尽头，实为“燕王宫”的天窗，深370米，宽200米。晨曦倾泻，将洞顶滴下的岩浆染成五光十色，交织成一幅美丽的锦帘。越过源于竖井的混沌之后，水流继续向前，穿行于12公里长的暗河伏流和大小洞厅之中。

穿上洞

从大穿洞外沿陡峭小道或从通天洞壁攀岩而上可达穿上洞。此洞高50米，宽70米，长137米，洞若天桥，洞内顶壁景观奇特，洞外的坡谷上长满了亚热带植物，其中有一片野芭蕉和方竹林。在穿洞的侧面又是一个巨大的岩洞，由此出口上至山顶。

穿上洞

变色湖

变色湖位于大河村以南约500米处，是喀斯特地貌的天然湖泊。因水色一月多变而得名。湖长约350米，宽约100米，海拔980米，比大河村高约47米。湖中有3个泉眼，每年丰水期湖水自然排泄，水质很好。

变色湖畔

泛舟格凸

中洞人家

中洞人家位于小穿洞出口的上方之山顶。茫茫大山中有这样一个岩溶洞穴，它在树林的掩映下孕育出了这个神话般的洞中苗寨。生活在这里的人们传承了祖先“日出而作，日落而息”的生活方式，是人类最后的穴居部落。

中洞人家

小穿洞

一窍天机

夹山一线天

特色观赏和体验 UNIQUE SCENERY & FESTIVALS

飞檐走壁

蜘蛛人攀岩表演：60元/人

紫云格凸河四季 SEASON

紫云自治县属亚热带季风湿润型气候。多年平均气温为15.3℃，年无霜期为288天左右，四季分明，干湿明显，冬无严寒，夏无酷暑，气候宜人。

住宿 ACCOMMODATION

县城有准四星的紫云宾馆，二星级的松山宾馆，景区有四星级格凸山庄等各类宾馆，拥有高、中、低档床位1000余个，住宿安全、卫生、舒适。价格在80元至300元不等。

美食推荐 CUISINE

游紫云格凸河风景名胜区可以品尝到原汁原汤的羊场狗汤锅、狗灌肠、炒狗肉、布依滚豆鸡、活杀烧鸡公、炸河鱼、炸土鸡蛋、煮红心红薯、蜂蛹等特色佳肴以及紫云米粉、酸菜粉、米凉粉、丝娃娃、洋芋串、油炸粑、坝羊豆腐干、杀猪饭、狗肉粉等紫云特色风味小吃。

购物指南 SHOPPING GUIDE

1.大理石。紫云柳条青、云幻玉、二叠纪生物礁大理石被誉为“罕见大理石”。

2.茶产品类：紫云茶叶品质优良，有“紫竹青”小叶绿茶、“紫竹青”原生态苦丁毛尖、杜仲毛峰、杜仲工艺茶、格凸春芽、麻山翠河绿芽等茶产品。

3.水果类：有著名的火花“冰脆李”、水晶石榴、羊场花红、田坎寨金盖梨、花山猕猴桃、紫云刺梨等。

4.农、土特产品：有红心红薯、麻山核桃、宗地花猪、板当薏仁米等特色农产品；紫云柴火手搓辣椒面，紫云纯天然蜂蜜系列蜂产品等特色产品。

5.中药材：格凸河中药材丰富，共有各类药材1700余种，常见的有杜仲、天麻、黄柏、银杏、灵芝、金银花、三七等271个品种。

6.山苍子油：紫云山苍子油有“黔中第一香”美称。气味芳香，回味悠长，具有较强的抗菌、防蚊虫等作用。在2000年上海全国香精、香油研讨会上评比获得金奖。

格凸夕照

悬棺寻古

平塘 风景名胜区

平塘风景名胜区位于黔南州平塘县境内，距省会贵阳133公里（厦蓉高速公路）。是国务院2009年发布的第七批国家级风景名胜区，面积为130平方公里，由掌布“藏字石”景区、龙塘湖景区、甲茶景区、天坑景区、六硐景区和“玉水金盆”6个景区组成。境内有汉、布依、苗、毛南等24个民族。

平塘风景名胜区以极其罕见的小概率古生物化石似汉字图案地质奇观为主要景源特征，以生态环境良好、植物景观奇异的峡谷风光为背景，自然景源与民族风情有机融合，具有探奇、科教、生态及文化体验游览功能。由于地质运动和大自然的鬼斧神工，造就了这里类型复杂多样的喀斯特岩溶地貌和极为和谐的生态环境，其保存完好的自然生态和原始风貌与古朴的人文景观和浓郁的民族风情，交织出一幅幅极富神秘色彩的山水画卷，是一个休闲观光、地质科考探险探秘的好地方。

平塘相继获得国家地质公园、“国家自然遗产”、“中国县域旅游品牌景区500强”称号。

管理机构：平塘县风景名胜区管理处

地址：贵州省黔南布依族苗族自治州平塘县平湖镇农贸市场三楼

邮编：558300

电话（传真）：0854-7223150

邮箱：ptf7223150@163.com

玉水金盆

平塘风景名胜区导游图 MAP

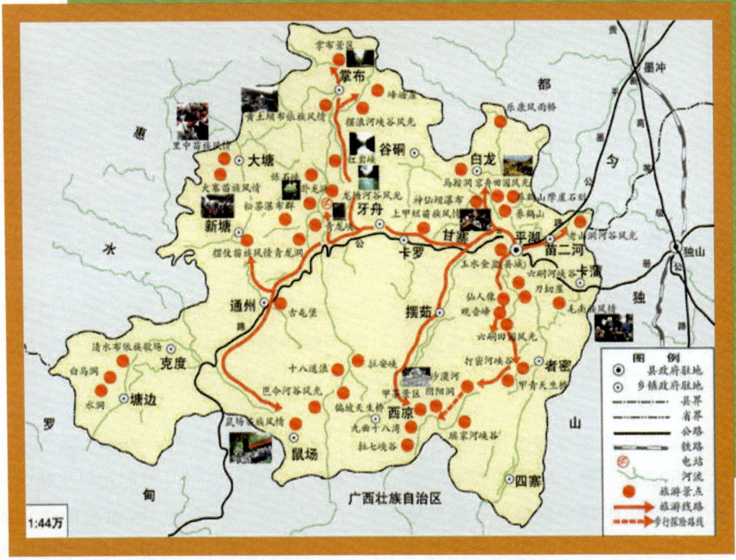

交通 出行宝典 TRANSPORTATION

从贵阳到平塘有3条线路可供选择：

贵阳—平塘（全程193公里贵新高速，133公里厦蓉高速，乘公共汽车，票价：70元）。

贵阳—都匀—平塘（从贵阳乘火车至都匀，再从都匀乘公共汽车至平塘，全程66公里，票价：17元）。

贵阳—独山—平塘（从贵阳乘火车至独山，再从独山乘公共汽车至平塘，全程36公里，票价：12元）。

※特别提示：

景区周边加油站：

县城都匀方向入口处加油站；

县城新舟新区加油站；

牙舟镇加油站；

摆茹镇加油站；

通州镇加油站。

旅游服务 TRAVEL SERVICE

掌布景区游客服务中心位于掌布景区停车场附近，占地面积250平方米，建筑面积500平方米，是集地质博物馆、民族文化多媒体展示、综合信息咨询、旅游商品、救护、游客休息为一体的综合服务设施。

掌布景区游客服务中心

精品线路

平塘“玉水金盆”景区、掌布“藏字石”景区、甲茶景区探秘观光三日游

D1：早上从贵阳乘车出发走贵新高速（约三个半小时）或从都匀乘车出发走墨冲下高速（约一个半小时）或从独山下高速（约一个小时）抵达素有“玉水金盆”美称的中国最美的十佳小县城平塘，中午前往平塘“世外桃源”之乡苗二河山庄或绿草滩山庄，享受优美秀丽的自然风光，品尝地道的农家特色美食，感受鲜美的农家野餐烧烤，参加丰富多彩的娱乐活动，晚上到县城玉水河畔小酒吧休闲娱乐，观“玉水不夜天”山水实景演出。

玉水不夜天

D2：早餐后游览平塘莲花公园，登山远眺平塘县城全景；中午在县城“竹苑人家”饭店享用特色美食——脆皮猪脚，下午前往素有亚热带风光特色的甲茶景区，观瀑布、水上森林，玩沙滩，玩天然游泳池，看竹溪，亲密接触“小桂林” 亚热带风光，乘船观风光旖旎九曲十八湾、燕子洞，晚餐在周边民族村寨品农家宴——野生河鱼，晚餐后参加丰富多彩的篝火晚会。

秀美的甲茶瀑布

甲茶竹溪

雄狮护宝

惬意抒怀的甲茶沙滩

D3：早餐后前往掌布“藏字石”景区，中途到卡罗大棚果蔬基地采摘无公害草莓，参观国家非物质文化遗产“牙舟陶瓷”制作工艺，购平塘特色产品，到达掌布后观赏自然优美的田园风光及富有民族特色的布依村寨，中午品布依人家特色家宴——黄豆炖土鸡，午餐后游览掌布峡谷藤竹峡、浪马滩，看漂来石，饮长寿泉，赏“世界地质奇观，旷代天赐珍宝”的奇石“藏字石”，观像台看石观音，游祥云洞，玩月亮岛欢乐坝，赏碧如绿毯的腾竹，到石蛋滩亲身感受“吻人鱼”之吻，下午乘车返回，结束轻松愉快的旅行。

海底地质遗迹——石蛋滩

掌布景区“藏字石”

特色观赏和体验 UNIQUE SCENERY & FESTIVALS

平塘是一个少数民族占总人口近60%的少数民族聚居地区，境内生活着24个民族的群众，其中布依族、毛南族、苗族是人口较多的三个少数民族。各族人民在漫长的历史长河中，创造了丰富的物质文明，也孕育了灿烂多姿的民族文化，独特的地理环境和人文环境，形成了别具一格、丰富多彩的民族风情。如塘边、克度一带的布依风情，有“六月六”歌节、“八大行”演奏、粑棒舞、织布舞和冲击吉尼斯世界纪录的民间“绝技绝活”表演；新塘、大塘一带的苗族风情有“芦笙舞”、“赶月”等；卡蒲、者密一带的毛南族风情有“火把节”、欢乐逗趣的“猴鼓舞”、“地鼓牛”等表现人与动物和谐相处的舞蹈。

苗岭欢歌

耍水龙

平塘四季 SEASON

平塘县位于云贵高原向广西丘陵过渡的斜坡面上，西高东低，北高南低，属中亚热带季风湿润气候区，热量丰富，雨量充沛，无霜期长，雨热基本同季。地形垂直差异较大，有十里不同天的气候差异，其中县城海拔高度为710米，掌布海拔660米，甲茶景区450米，年日照时数为1316.5小时。

平塘金秋

景区月平均气温、雨量

月份	1	2	3	4	5	6	7	8	9	10	11	12
月平均气温（℃）	6.8	8.4	13.0	18.0	21.8	23.9	25.4	24.5	22.0	18.0	12.9	8.7
平均降雨量（毫米）	20.2	22.3	41.3	134.0	203.5	226.3	193.3	149.9	78.2	112.2	52.5	25.2

住宿 ACCOMMODATION

西苑俊华酒店（三星）

0854—7226999，7227588　标间：318元/间

银河酒店（二星）

0854—7230988　标间：180元/间

聚丰园宾馆

0854—7230568　标间：160元/间

银河酒店

聚丰园宾馆

桥头街宾馆

0854—7221078　标间：168元/间

美食推荐 CUISINE

毛南族喜吃狗肉，招待嘉宾以狗肉为上品，喜用猪、狗等牲畜血汤煮粥吃，喜饮酒，一般自酿自饮。

掌布景区的布依族用当地土鸡和黄豆清炖作为主菜，再配以特色布依食品烹制的布依家宴，加上自行酿制的米酒，回味无穷。

地方特色小吃：夏日冰粉，平塘素粉，街边烧烤，酸梅汤，卤菜，南瓜饼，清明粑，平塘肉等。

平塘美食（一）

平塘美食（二）

购物指南 SHOPPING GUIDE

1.平塘民族床单具有收汗、透气、保暖之功效。采用绿色棉花为原料，从纺织、印染、织布到加工成形，工序完全为民族传统工艺制作。

牙舟陶

黄金应子

2.黄金应子是平塘县果子食品厂生产的系列果脯，其营养丰富，色鲜味美，是馈赠亲朋的佳品。

3.牙舟陶。

石阡温泉群 风景名胜区

石阡温泉群风景名胜区位于贵州省铜仁市石阡县境内，距省会贵阳318公里。风景名胜区面积69平方公里，由石阡温泉与古建筑群、凯峡河景区、楼上古村落景区、鸳鸯湖景区四个部分组成。石阡温泉历史悠久，县城文化遗存较多，景区内地热资源储量丰富，有自然出露的泉眼二十余处，富含氡、硒、锶、锂等多种对人体有益的微量元素，是高品质的天然温泉，水质达到国家饮用天然矿泉水标准和医疗用水标准。有“国酒茅台，国水石阡”之美称，2009年同时获得“中国温泉之乡”、“中国矿泉水之乡”国家级风景名胜区和中国营养健康基地之称，是世界少有、国内独有的温泉群风景名胜区。

管理机构：石阡温泉群风景名胜区管理局

联系电话：0856-7622538

石阡温泉全景

交通 出行宝典 TRANSPORTATION

贵阳—石阡318公里，耗时约5小时；

铜仁—石阡148公里，耗时约3小时；

镇远—石阡90公里，耗时约2小时；

岑巩—石阡102公里，耗时约2小时；

遵义—石阡260公里，耗时约4小时。

旅游服务 TRAVEL SERVICE

石阡温泉游人接待主要在石阡县城区，有城南古温泉和城北温泉，两个温泉可接待1000多人洗浴。

温泉门票：桑拿38元/人，露天88元/人。

石阡温泉与古建筑

游历史文化街区石阡古城，参观国家级文物以万寿宫为代表的古建筑群，泡洗浴历史600多年的古温泉。

万寿宫戏楼

珍珠泉

石阡府文庙

楼上古村落

楼上古村落位于县城西部15公里处，景区面积4.5平方公里。这里民风纯朴，村落历史文化底蕴深厚，可欣赏仡佬山歌、哭丧嫁娶等古老独特的民族风情。

楼上古村落

国家级非物质文化“木偶戏”

凯峡河地下热水河

凯峡河地下热水河位于县城东南部15公里处，这里可参观溶洞温泉，地下热水河漂流。

鸳鸯湖

鸳鸯湖景区

距县城8公里。水面宽100～200米，青山倒映，绿波荡漾，可观赏上千对鸳鸯，景区内有情人坡、相思林、情人十八弯、神仙洞等景点。

特色观赏和体验 UNIQUE SCENERY & FESTIVALS

国家级非物质文化“仡佬毛龙”

住宿 ACCOMMODATION

石阡有星级宾馆、酒店7家。宾馆设施完善，能供3000人住宿、娱乐，并有豪华夜总会及桑拿等服务设施，是旅游、观光、休闲、度假、疗养、健身、吸氧、会议等活动的理想场所。

温泉宾馆：0856–7657111

石阡宾馆：0856–7652777

泉都大酒店：0856–7620288

临江大酒店：0856–7624555

金海湾酒店：0856–7621588

人武宾馆：0856–7656111

永辉酒店：0856–7623999

购物指南 SHOPPING GUIDE

石阡特产：无铅皮蛋、豆腐乳、糖大蒜、泡辣椒、野生黄花菜、石阡苔茶等绿色食品。

石阡豆腐乳

石阡无铅皮蛋

沿河乌江山峡 风景名胜区

沿河乌江山峡风景名胜区地处乌江下游，北接重庆市乌江峡谷，南邻梵净山国家级自然保护区。沿河乌江山峡风景名胜区，全长89公里，总面积102平方公里，以峡谷景观最有名，峡岸奇峰对峙、怪石嶙峋，银泉飞瀑似剑、绿树翠竹如屏。2009年，被国务院批准为国家级风景名胜区。

景区从南至北分为夹石峡、黎芝峡、银童峡、土坨峡、王坨峡。夹石峡高山齐云，蓝天一线，峡风呼啸，江涛逼人。黎芝峡妩媚多姿，美女峰、天门石、草帽石、佛指山神情酷似，景观多而奇美，为诸峡之冠。银童峡顽皮刁钻，左右高山不时横截江面，峰回路转，山重水复，船行其间如进迷宫，令人迷惘。土坨峡，山高、水深、谷幽，奇峰峻岭间，有成片竹林，参天古树，群兽竞美，百鸟争鸣。能目睹长江三峡早已绝迹的猴群，或攀藤附葛，临江戏水，声声长啼，或对船推石惊吓游客，或游憩于树枝石墩摇首弄腮。王坨峡，江面时宽时窄，江流时急时缓，两岸林木葱郁，竹影摇曳，数里外可见到温泉袅袅升腾飘拂的白雾。

管理机构：沿河土家族自治县乌江山峡风景名胜区管理局

地址：沿河县团结大道燎原街

邮编：565300

电话：0856－8222313

传真：0856－8225917

黎芝峡风光

交通 出行宝典 TRANSPORTATION

（一）区外交通

距离铜仁大兴机场180公里，约3个半小时车程。

渝怀铁路（距离重庆酉阳火车站60公里，约1小时车程）。

326国道、420和562县道贯穿整个景区。

水路：乌江黄金水道，上抵遵义余庆，下出涪陵直达重庆和江、浙等地。

（二）区内交通

公路：景区内有中巴车接送。

时间：每天09：00～18：00。

票价：25元/人。

水上：景区内有观光游船接送。

时间：09：30～18：30。

票价：40元/人。

精品线路

（1）县城东风码头—黎芝峡景区—银童峡景区—思渠古镇游客服务中心—观鲤鱼池清代民居—土坨峡景区—洪渡古镇

（2）县城东风码头—淇滩古镇—夹石峡—黔东革命根据地—天缘寺

（3）霸王谷景区—麻阳河国家级自然保护区—洪渡河景区—龚滩古镇—黎芝峡景区—天缘寺

夹石峡

夹石峡峡长43公里，经夹石、土地坳、板场、甘溪、官舟、淇滩等6个乡镇。峡中有七里、扶塔、三堆子、老窍子、三颗桩、鸭滩子、野猪子、土夹子、丛滩、雷洞子等滩，有夹石、彭家两个渡口。两岸绝壁悬崖，山高齐云，蓝天一线，滩陡流急，峡风呼啸，江涛激荡，喧哮山谷。

土坨峡

土坨峡峡长16.75公里。峡中有土坨子、鸡头子、龚滩、小银滩、大银滩等滩。两岸峻峰绝壁对峙，山高、水深、谷幽、景奇。在奇峰峻岭间，古木翠竹交织，群猴活跃其中。由于滩多浪急，两岸礁石经过成千上万年的冲刷，就像经过雕琢过的一样。似莲花、似海花、似蜂窝，凡游人得见，无不为之感慨。

王坨峡

王坨峡为王坨至小旁滩峡段，长7.6公里，在洪渡镇境内。峡中有温塘子、土地滩、锣鼓三滩、小旁滩等滩。峡段江面时宽时窄，水流时急时缓，两岸林木葱郁，山环若屏，绚丽多姿。

黎芝峡

黎芝峡全长13.3公里，是乌江山峡最为美丽的一段。峡中滩多湾急，白浪滔滔。峡岸奇峰突起，怪石嶙峋。有乌阳树、三星洞、剑劈岩、古纤道、牛肝、马肺、天鱼池、人字瀑、佛指山、上天石、仙女望夫、阴阳泉、天门石、香炉石、灵牌石、草帽石、一匣书、飞龙过江等景点。

古纤道

黎芝峡

霸王谷

霸王谷位于乌江西岸，与黎芝峡紧紧相邻。谷内山形极为奇异，酷似楚汉相争时期的历史人物，布局场景几乎包揽了楚汉相争时期发生的所有大事，巧合之极。西楚霸王、虞姬、范增、虞子期、桓楚、八千子弟、刘邦、张良、韩信、萧何、周勃、樊哙等人物形象栩栩如生，演绎楚汉相争时期追韩信，刘邦拜将，明修栈道、暗渡陈仓，楚河汉界，四面楚歌，霸王别姬，乌江自刎等悲壮历史场景。

鬼斧神工霸王谷（一）

鬼斧神工霸王谷（二）

银童峡

银童峡峡长8.35公里。峡中有银童子和张公子两滩。银童子滩江面窄狭，滩长流急，拍岸惊涛，声若雷鸣；张公子滩江面宽阔，江流曲折如弓，峰回岸转，奇绝壮观。银童峡有睡美人、一挑石、唐代古城遗址等景点。

烽火台

乌杨树

从沿河县城东风码头乘船顺江北下，大约4公里处的乌江西岸，屹立着一棵参天古树。这就是有着约千年历史，被当地人称为“神树”的乌杨树。它历经沧桑，枝繁叶茂。乌杨树虬曲盘结的树根经过洪水的冲刷，全部裸露在地面，却依然紧紧抓住泥土，树干倔强地兀然挺立，伸枝展叶，下临滔滔的乌江，就这样挺立了一千多年，却依然顽强如初。凡游人到此，无不肃然起敬。

乌杨树

特色观赏和体验 UNIQUE SCENERY & FESTIVALS

观猴

沿河乌江山峡风景名胜区麻阳河景区里栖息着大量的珍稀动物，其中黑叶猴为国家级珍稀保护动物，该地还是全球黑叶猴种群最多的分布地。

黑叶猴

观猴位置：麻阳河野生动物保护站。

观赏时间：早上：7：00～11：00。

肉莲花

肉莲花又名“莲花十八响”，是沿河土家族自治县传统体育舞蹈。它始于清朝光绪年间，由沿河沙子土家族民间艺人杨通朝所创，盛行于贵州高原东北部乌江中下游一带。基本动作有“上九响”、“下九响”之分，固而又被称为“莲花十八响”。

土家摆手舞

土家族特色的歌舞是摆手舞，它是土家族祭祀祈祷的一种活动，一般在年节举行，并发展为祭祀、祈祷、歌舞、社交、体育竞赛、物资交流等综合性的民俗活动。

沿河乌江山峡四季 SEASON

乌江山峡风光

沿河乌江山峡风景名胜区四季平均气温、降水量及穿衣情况

月份	1	2	3	4	5	6	7	8	9	10	11	12
平均降雨量（毫米）	9.6	19.5	28.6	34.5	78.5	85.2	95.3	78.6	68.2	48.9	24	19
月平均气温（℃）	1.5	4.5	10.3	18.5	21.4	21.5	23.1	25.3	18.2	11.7	6.4	3.5
穿衣情况	厚毛衣加外套或羽绒服	厚毛衣加外套或羽绒服	薄毛衣加外套	薄毛衣加外套	薄毛衣	薄毛衣	衬衫	衬衫	衬衫	薄毛衣	薄毛衣加外套	厚毛衣加外套或羽绒服

住宿 ACCOMMODATION

新世纪大酒店	280元/间	金红大酒店	220元/间	乌江酒店	288/间
恒源商务酒店	220元/间	麻阳河休闲山庄	150元/间		
冯家庄客栈	180元/间	乌江山峡客栈	180元/间		

（以上价格以实际为准）

美食推荐 CUISINE

浑浆豆花荞面、土家苦荞酒、糯米包子、麻糖水酒、羊肉焖豆腐、豆腐皮、土家灰包豆腐、桑葚花生、空心李、沿河山羊。

空心李

购物指南 SHOPPING GUIDE

树皮堆画、藤制品、雕刻、富硒茶、沿河藤器、油桐、乌柏、中蜂蜜。

树皮堆画

中蜂蜜

傩戏面具

瓮安江界河 风景名胜区

瓮安江界河风景名胜区位于黔南州瓮安县境内,西距省府贵阳168公里，北距历史名城遵义146公里。风景名胜区面积138.6平方公里，地貌复杂多样，山地、丘陵、盆地相间分布，融自然山水、峡谷风光、革命历史纪念遗址、原始森林、喀斯特溶洞和现代桥梁建筑于一体。由江界河景区、猴场会议会址景区、穿洞河景区三个部分及八个独立景点组成。江界河大桥曾是世界上跨径最大的桁式拱桥，瓮安动物群化石距今5.8亿年，猴场会议为遵义会议的召开奠定了基础。贯穿于风景区内的江界河，其水清流通澈，江中激浪排空，吼声如雷震耳，景观层次丰富。

管理机构：瓮安江界河风景名胜区管理处
地址：贵州省瓮安县雍阳镇
电话：0854-2625620
邮编：550400

江界河风光

交通 出行宝典 TRANSPORTATION

（一）区外交通

瓮安县位于贵州省中部、黔南自治州北端乌江中游，西距省城贵阳168公里，南距州府都匀106公里，北距革命历史名城遵义146公里。县城距320国道、湘黔铁路马场坪站56公里，距大乌江码头60公里，距贵阳龙洞堡机场160公里（时间两个半小时），距黄平机场54公里。

（二）区内交通

景区以省道遵马、铜修公路和旅游公路贯通，其中二级公路34公里，三级公路145公里，四级公路175公里。在瓮安客车站有发往景区的客车。

旅游服务 TRAVEL SERVICE

1. 江界河景区游人中心：位于江界河大桥南侧；

2. 猴场会议会址景区游人中心：位于猴场景区入口，在此可免费领取猴场会议会址参观门票、各种信息咨询和联系景区讲解员。

精品线路 a

瓮安红色文化精品游

瓮安县城—猴场新村—江界河

猴场会议会址

猴场会议会址为全国爱国主义教育示范基地，免费对观众开放。匾额由国防部原部长、上将张爱萍所书。1934年12月31日，中央机关、红军总部长征进驻猴场（草塘）。在猴场宋家湾召开政治局扩大会议(史称“猴场会议”)。作出《关于渡江后新的行动方针的决定》。为遵义会议的胜利召开，实现党和红军历史上生死攸关的伟大转折，在思想上、组织上、军事上作了充分准备，奠定了坚实基础，具有承前启后的重大历史意义。

猴场会议会址

毛泽东行居

精品线路 b

瓮安生态休闲游

江界河码头—映山红—朱家山—瓮安县城

江界河大桥

江界河大桥为大跨度桁式桥梁，桥长461米，主孔跨径330米，高263米，一派巍峨壮观，横空出世之气概，在同类型桥梁中为世界第一，是乌江峡谷一道雄奇亮丽的风景线。桥上游览，举目眺望，江界河上下十里峡谷风光，尽收眼底。

江界河大桥

后观岩

精品线路

瓮安茶文化休闲游

江界河码头—穿洞河—江界河瓮安县城

穿洞河

穿洞河将溶洞与河谷风光巧妙结合，喀斯特种类齐全，被称为喀斯特博物馆。穿洞河瀑布后的石脊内，有一溶洞直通两岸，形成通道。洞高、宽均为2～3米，洞若卷棚，洞壁有三个后窗般的开口，飞瀑掩窗如帘，游人可入洞观帘赏景，为全国十大水帘洞之一。

穿洞河瀑布

穿洞河水帘洞

精品线路 d

瓮安地质科普游

江界河码头—仙桥山—瓮安动物群化石产地—瓮安县城

瓮安动物群化石

瓮安动物群化石距今5.8亿年，是迄今为止发现最早的动物群化石，它的组成以动物卵和胚胎为主，保存了地球远古时期大量的生命信息，比澳大利亚伊迪卡拉生物群化石早2000多万年，比展示寒武纪生命大爆发的云南澄江动物群化石早5000多万年。填补了前寒武纪多细胞动物化石的空白，是20世纪演化论最重大的成就之一。称为“动物世界的黎明第一刻”。

瓮安动物群化石

仙桥山

红军突破乌江战斗遗址

香沟林

下司石林

红岩沟

特色观赏和体验 UNIQUE SCENERY & FESTIVALS

草塘龙狮灯会是当地群众一项重要的民俗活动。每逢阴历正月初九至十四开展盛大的龙狮灯会活动。每年龙狮灯会时，还辅以仪仗灯、舞狮、旱船、鹤、虾兵蟹将舞等。草塘镇被命名为“龙狮艺术之乡”。

草塘龙狮艺术

瓮安江界河四季 SEASON

瓮安江界河风景名胜区属亚热带湿润季风气候，春迟多阴雨，夏短无酷暑，秋早多绵雨，冬长无严寒。热量充足，雨热同季，山地立体气候明显。风景名胜区地跨县境中、北，各景区气候条件呈较大差异。

瓮安江界河风景名胜区年平均降雨量为1148.2毫米，年均气温13.6℃。最冷月(1月)平均温度为2.9℃，最热月（7月）平均温度为23.1℃。年温差为20.2℃，是全国年温差较小的地区之一，因此属于冬日温煦、夏季清凉的旅游度假型气候。

乌江夕照

住宿 ACCOMMODATION

瓮安县目前拥有各类酒店、旅馆床位约2500个，其中三星级一家（金福大酒店），二星级三家（名豪大酒店、东利酒店、水利宾馆），共240个床位。

购物指南 SHOPPING GUIDE

瓮安有旅游商品生产企业5家，主要生产皮蛋、黄粑、豆油皮、血灌粑、泡酸辣等特色小吃和土特产品。

榕江苗山侗水 风景名胜区

榕江苗山侗水风景名胜区位于黔东南州榕江县境内，厦蓉高速公路、贵广快速铁路即将通达。2009年12月28日被国务院批准为第七批国家级风景名胜区。风景名胜区面积210平方公里，景区资源类型丰富，苗族、侗族文化与自然山水环境融合，原生性与多样性相结合，资源价值较高，空间分布相对集中，主要分为六大景区：三宝千户侗寨景区、宰荡侗族大歌景区、七十二寨侗乡景区、都榕景区、龙塘奇观景区、十里百瀑景区以及晚寨琵琶歌、苗族百鸟衣之乡摆贝等其他39个独立景点。三宝千户侗寨景区是核心区，矗立寨中的三宝鼓楼获世界吉尼斯之最，寨内一栋栋古民居别致典雅，古色古香；河畔密集排列着百余株护堤榕，组成世界罕见的古榕树群奇观，“古榕包碑”、“九龙入海”等千姿百态的古榕造型令人叹为观止；这里侗族文化底蕴深厚，民族风情浓郁古朴，侗族萨玛节、侗族琵琶歌、侗族民间故事“珠郎娘美”被列入国家级非物质文化遗产保护名录。其他景区、景点也各具特色，独具魅力，各有看点。

管理机构：榕江苗山侗水风景名胜区管理处
地址：榕江县古州西路13号
邮编：557200
联系电话（传真）：0855-6623471
电子邮箱：gzrjfjc7@163.com

大利侗寨

榕江苗山侗水风景名胜区导游图 MAP

摆贝苗寨

摆贝是月亮山麓最古老的苗寨之一。位于县城南面54公里的半山腰上，全村350多户，1700人。摆贝苗寨历史悠久，具有古朴、浓郁的民族特色和丰厚的民族文化底蕴，村民的节日盛装百鸟羽毛服由羽毛裙和花衣组成，被誉为“穿在身上的史诗”、“服饰活化石”。这里还有罕见的苗王古墓（苗族自古未建墓）以及长廊干阑式吊脚木楼，寨边有“鼓藏场”、“斗牛场”、“芦笙坪”、“苗王古墓”等人文和自然景观。因此，这里被许多专家和学者称为“露天的苗族民俗博物馆”。

三宝千户侗寨景区

以古榕群和三宝千户侗寨景观为主体，河流—护堤古榕群—千户侗寨三位一体，展现人与自然的和谐之美。

三宝千户侗寨风光

鼓楼和长廊

宰荡侗族大歌景区

以宰荡侗族大歌、侗族村寨、花桥、鼓楼为主体。宰荡村是榕江县乃至侗乡著名的侗族大歌之乡。主要有侗族大歌、琵琶歌、拦路歌、酒歌等，其中最著名的是侗族大歌。只要你步入到山寨，不时就会听到侗族娃娃们唱侗族大歌，那单纯嘹亮的歌声，清纯如水缓缓流入人的心田，使你永远不能忘怀。

宰荡侗族大歌

乐里七十二寨侗乡景区

以侗族村寨、侗族吊脚楼、雕房、侗族歌舞、侗族节日等民族风情为主体，环境幽静。

晚寨侗寨

晚寨侗寨距县城50公里，这里民族文化质朴风纯，底蕴丰厚，风情以琵琶歌音乐文化闻名于世，被誉为“琵琶歌之乡”。晚寨侗寨妇女的服饰，刺绣十分精美，独具魅力。其自然生态旅游资源也十分丰富，是民族文化与生态旅游的胜地。

龙塘风光

高赧瀑布群

榕江苗山侗水四季 SEASON

榕江县属中亚热带湿润季风气候，年平均气温18.1℃，年降水量1211毫米，无霜期310天，日照时数1312小时，因层层山峦阻挡，冷暖气流交汇的准静止锋多滞于此，多阴雨而少日照。冬无严寒，夏少酷暑。

榕江县的月平均气温、降雨量和穿衣提示

月份	1	2	3	4	5	6	7	8	9	10	11	12
月降雨量（毫米）	19.2	20.6	137.2	101.4	129.7	225.9	223.3	163.3	29.4	44.4	16.5	15.9
月平均气温（℃）	7.7	14.7	14.8	19.2	22.8	26.3	27.1	27.8	26.4	20.8	12.8	10.0
穿衣情况	加厚棉衣	棉衣	厚外套	长袖T恤	短袖	短袖	短袖	短袖	短袖	长袖T恤	棉衣	棉衣

特色观赏和体验

UNIQUE SCENERY & FESTIVALS

榕江民族节日一览表

序号	节日名称	民族	地点	时间	节日内容
1	萨玛节	侗族	古州镇三宝千户侗寨	农历一至二月	祭萨、稻草人行乞、拦路迎宾、服饰展示、跳“多耶”、百家长街宴、篝火晚会
2	鼓藏节	苗族	兴华乡摆贝、高排等苗寨、计划乡加两苗寨、三江乡苗寨等	农历十一月	杀牛祭祖、祭神、吹芦笙、踩歌堂、服饰展示、跳月、跳古瓢舞、情歌对唱、回堂酒、吃簸箕饭
3	茅人节	苗族	两汪乡空申苗寨	农历三月初三	吹芦笙、跳芦笙舞、服饰展示、情歌对唱、爬茅人坡、插茅人、篝火晚会
4	端节	水族	兴华乡八蒙水寨、三江乡故衣水寨、古州镇高兴水寨	农历十月	用瓜、鱼祭祖、敲铜鼓、吹芦笙、酒席对歌、庆丰收
5	侗年	侗族	乐里镇七十二侗寨（乐里、本里、仁里、保里、往里等）；寨蒿镇晚寨；栽麻乡大利、宰荡和苗兰等侗族地区	农历十一月至十二月	拦门迎宾、杀猪宰羊、吹芦笙、服饰展示、唱侗戏、唱琵琶歌、情歌对唱
6	苗年	苗族	滚仲、高帮、空申、摆贝、卡寨、加两等苗族地区	农历九月至十月	杀猪宰羊、吹芦笙、打粑粑、踩歌堂、斗牛、庆丰收
7	招龙节	苗族	平阳乡小丹江苗寨	农历二月	招龙神、祭龙、吹芦笙、踩歌堂、服饰展示
8	吃新节	侗、苗族	古州镇三宝和吴家寨、栽麻乡大利和宰荡等	六至八月	祭祖、摘禾苞、吹芦笙、踩歌堂、青年人情歌对歌
9	盘王节	瑶族	塔石乡怎东瑶寨	农历十月十六至十九日	杀猪宰羊、祭祖、放铁炮、吹唢呐、打粑粑、唱瑶歌、跳舂杵舞、庆丰收

住宿 ACCOMMODATION

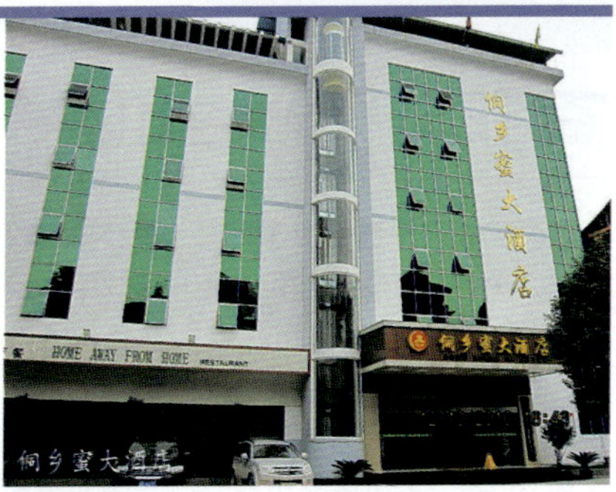

1. 价位在150～300元的旅馆、招待所

侗乡蜜大酒店 0855−6629108
榕都大酒店 0855−6626966
榕和大酒店 0855−6626599
君悦酒店 0855−6625666

2. 价位在150元以下的“农家乐”、客栈、家庭旅馆

庆丰大酒店 0855−6656888
榕城宾馆 0855−6622165
国防宾馆 0855−6626686
雅馨宾馆 0855−6656799
五榕宾馆 0855−6627188

美食推荐 CUISINE

榕江特色美食主要有：苗家酸汤鱼、侗家腌鱼、侗家腌肉、侗家烧鱼、水家鱼包韭菜、水家南瓜宴、水家百家鱼宴、塔石羊瘪、古州凉粉、甜藤粑、水芋粉、榕江西瓜、榕江脐橙、榕江冰糖橙、榕东杨梅、榕江安东荸荠、榕江月亮山花菇、榕江月亮山野生木耳、榕江葛根粉。

古州卷粉

塔石羊瘪

购物指南 SHOPPING GUIDE

1. 土特产：香菇、木耳、灵芝等；
2. 旅游纪念品、民族工艺品：苗族嘎嘿（古瓢琴）、水族绣花鞋、侗族雕花木梳、苗族嘎玲、芦笙、琵琶、果吉（牛腿琴）、八仙（唢呐）、侗族线包、苗族百鸟衣、苗族手摘刀、牛角手摘刀、侗族刺绣、侗族小孩花帽、头布、木雕、蜡染衣服、苗族短裙服饰、七十二寨侗族桃核微雕、苗族超短裙、苗族多管芦笙、苗族牛角酒楼、苗族草鞋、苗族银饰、水族刺绣背带、水族童帽、水族剪纸、瑶族刺绣壁挂、瑶族竹酒器。

侗族刺绣

百花湖 风景名胜区

百花湖位于贵阳市西北郊，距贵阳市22公里，距金阳新区7公里。建于1962年，属高原人工湖泊，是杭州西湖水面面积的两倍，是贵州省级风景名胜区。景区规划总面积83平方公里，水域面积14.5平方公里，湖区由100多个大小岛屿组成，以岩溶地貌和湖光山色自然景观为主体，以秀、幽、雄、奇、巧为特色。目前以松林坡为中心，开放有星苑、观音洞、华侨纪念碑、灵达山庄、百花双峡（小三峡）、南湖峰群岛（青蛙跳水）、百花岛（河坝岛）、松林岛（老旧土岛）等人文、自然景点。主要以风景观光游为主。

管理机构：两湖一库管理局

地址：贵州省贵阳市金阳新区朱昌镇

电话：0851—4361190

百花湖风光

百花湖风景名胜区导游图 MAP

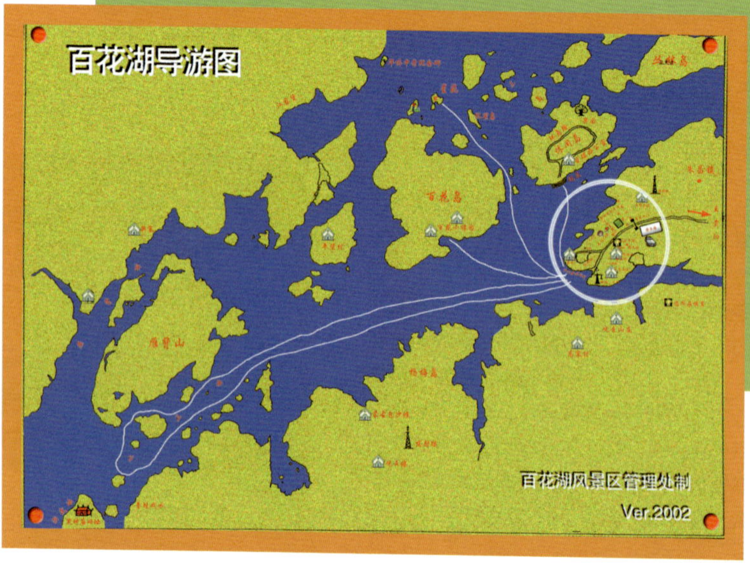

交通 出行宝典 TRANSPORTATION

机场：乘车到市区，再乘市区公交车至瑞金北路乘郊区公交车到朱昌，即可到达景区；机场→市区→瑞金北路→朱昌→百花湖（用时约70分钟）。

火车站：乘市区公交车至瑞金北路乘郊区公交车到朱昌，即可到达景区。火车站→瑞金北路→朱昌→百花湖（用时约60分钟）。

※特别提示：

加油站：金阳新区金阳医院斜对面有中石油加油站。

汽车修理：在位于百花湖向金阳方向7公里的云潭北路方向，有4S修理店。

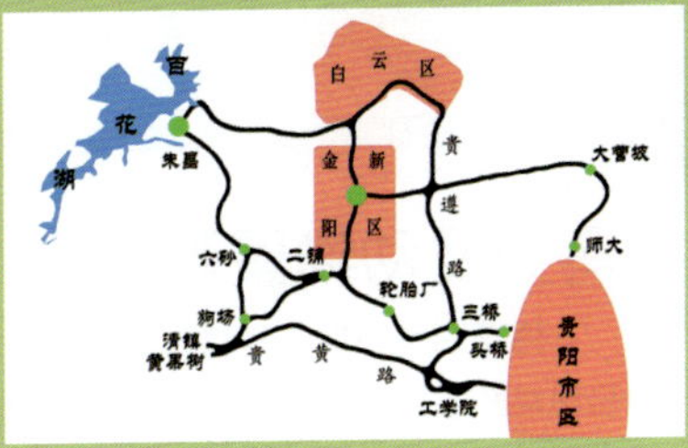

区域交通图

旅游服务 TRAVEL SERVICE

景区门票：5元／人。

游船：15元/人。

精品线路

松林坡—南湖峰岛群—百花双峡—灵达山庄—华侨纪念碑—观音洞—星苑—老旧土岛—松林坡

百花湖景区分为中湖、南湖和北湖三个部分。百花湖的上游和下游都是狭长的河谷，湖区中间宽阔。到了上游，两岸青山越来越逼近，形成了最狭窄的一线天。在这里共有50多个景点，主要有：松林远眺、双猴守园、百花双峡、群峰叠翠、金蟾戏水、孤峰独秀等景点。百花湖最大的特点是“山中水，水中山”，不知是山缠着水，还是水绕着山。在百花湖的东南岸边，是明代的朱昌堡，是当年军队驻扎的地方。

百花湖

特色观赏和体验 UNIQUE SCENERY & FESTIVALS

鸟类及动物景观

百花湖有白鹭、野鸭为主的水鸟及大雁等候鸟，以春冬为多。植被茂密处常有松鼠跳跃于林中，野兔和雉出没于灌丛，画眉、云雀、黄鹂等婉转于日间，秋虫鸣唱于夜间，一派盎然生机。

水体景观

水体是百花湖风景区的景观主体，是百花湖的景观之魂，水面面积长年达9.7平方公里。

地形景观

岛屿：由于湖区大部分地处喀斯特地貌发育区，是典型的具有贵州特色的锥状喀斯特峰丛，景观造型丰富。

山体：海拔1715米的云归山主峰位于离湖岸3.5公里处。由湖区西望，层峦叠嶂，连绵起伏，雄伟壮阔，构成湖区的雄峻背景。

文化古迹景观

百花湖人文历史久远，曾有汉代文物出土。过去这里山高林密，文化主要发达于明初以后，曾有寺庙数十座，其中以毛坡云天寺、云归寺等最为有名。

百花湖四季 SEASON

百花湖属于北亚热带季风温润区，年平均气温14.0℃，因此气候特征为温凉湿润，冬暖夏凉，雨量充沛，无霜期长，季风气候明显。近年来被授予中国避暑之都、天然大氧吧等称号。

住宿 ACCOMMODATION

百花湖景区拥有各种档次的住宿宾馆数十家，从高档度假别墅、宾馆到农家乐旅馆，环境舒适、卫生。

灵达度假会议中心

清镇市百花湖乡平堡岛

0851–5531689，5531299

房间价格：豪华套房1880元/套，
标间280元/间

餐饮：418元/桌起

星苑商务会议中心

百花湖景区内湖中

0851–4299008，4299018

房间价格：豪华套房1680元/套，
标间680元/间

餐饮：500元/桌起

贵阳公交百花湖旅游度假村

百花湖景区湖畔

0851–4361609

房间价格：标准间160元/间

餐饮：388元/桌起

（以上价格以实际为准）

灵达度假会议中心

百花湖旅游度假村

星苑商务会议中心

花溪 风景名胜区

花溪风景名胜区位于贵阳市南郊，面积220平方公里。这里山清水秀，景色宜人，冬无严寒，夏无酷暑，四季如春，素有“高原明珠”的美誉，是贵州省著名的风景名胜区。花溪风景名胜区不仅以迷人的风光见长，而且文物古迹、民族民情、居民建筑等人文景观资源十分丰富。

花溪风景区主要由三大部分景区组成：一是以花溪河为主线，在20公里长的河滩上，沿岸分布有省级风景名胜区花溪公园、天河潭景区和十里河滩景区等，共包含20多个景物景观；二是以明清建筑的人文景观为主的青岩古镇景区；三是以高坡、黔陶融自然景观和民族风情为一体的景区。

这些景区内的景点，犹如一颗颗明珠，被河流贯串着，形如挂在贵阳市脖颈上的一串项链，花溪以其绰约的风姿和诱人的魅力为众多有识之士瞩目。陈毅元帅诗云：“真山真水到处是，花溪布局更天然，十里河滩明如镜，几步花圃几农田”，正是花溪公园美景的惟妙写照。

花溪风景名胜区天河潭景区——曲桥

交通 出行宝典 TRANSPORTATION

从贵阳到花溪，有路面良好的高等级公路直达。该风景名胜区的主体景区——十里河滩景区包含花溪镇，各个河滩景区均平行于贵阳—花溪公路线展布，相距几十米，景区内交通条件极为方便。天河潭景区与十里河滩相接，从水路上开辟了航线，直接串联各景点。

花溪风景名胜区导游图 MAP

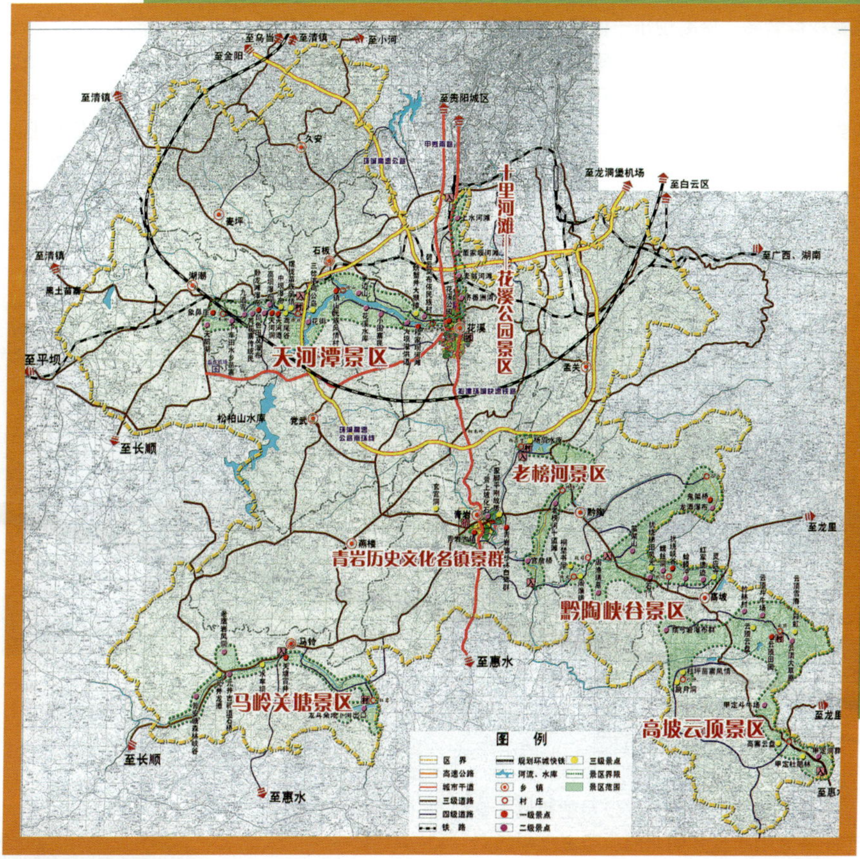

花溪公园

花溪公园位于城市中心，素以景色秀丽天然、山水宁静怡人、人文积淀丰厚著称，因而享有“高原明珠”的美誉。公园内清溪蜿蜒穿流，群山环绕，四季绿荫掩映、繁花飘香，绿地率达93%，是游客休闲消暑、度假旅游的佳所。花溪河上坝上桥、百步桥瀑流轰鸣、飞珠溅玉；芙蓉洲、放鹤洲溪流宁静、青渚点点；群山之中麟山、龟山、蛇山、凤山怪石嶙峋、古藤漫径，亭台楼阁若隐若现；此外，松梅园、红枫园、玉兰园、碧桃园、樱花园、桂花园、牡丹园四时繁花、姹紫嫣红。春天百花争艳，夏日荷风送爽，金秋桂子飘香，隆冬梅花清馨。

景区曾接待过周恩来、朱德、陈毅、董必武、朱镕基、蒋介石、何应钦、冯玉祥等多位国共重要领导，徐霞客、巴金、徐悲鸿等诸多旅行家、文人墨客也在此踏迹留踪。

抗战文化景点

尚武俱乐部、棋亭、憩园、防空亭、碑亭、身聚教训、无防空即无国防等。

鸟类观赏

丰富的水体、温润的气候，使花溪公园的植物种群繁多，鸟禽也乐于栖息，特别是花溪河上的小洲、浅滩，野鸭水鸟追逐嬉戏，自成一道独特的风景。每年到公园过冬的鸟类群体就有5000余只，种类繁多、时时更新，不乏国家一、二级保护种类。再加上喀斯特地貌下生长发育的森林景观形成了自然科学的重要素材。

戴安澜将军衣冠冢

1942年，戴安澜率部二百师于缅甸战场抗击日军，负伤殉难，国民哀悼痛挽，美国总统罗斯福也签署颁授勋章的命令，这是第二次世界大战反法西斯斗争中，中国军人第一个美国勋章获得者。1948年，戴将军灵柩从花溪迁回故乡安徽芜湖，贵筑县长依花溪人民之愿，以将军生前穿戴过的一双皮靴和一顶军帽，在厚葬灵柩处，兴建了衣冠墓，并立碑志记，以示追缅。

水杉路

坝上桥

十里河滩湿地公园

花溪十里河滩城市湿地公园主要位于贵阳市花溪区中心城区的北部，距离市中心12公里，占地约428.2公顷，其景观要素以自然河溪风光与田园风光为主体，自然与人文交织辉映，有溪流、有河滩、有喀斯特地貌形成的山峰、有稻田、有民族村寨等，景观组合佳，规模大，个性鲜明，变化丰富又自然天成。区域内喀斯特地貌的大将山脉，植被葱茏，在湿地公园的东侧形成一道天然的绿色屏障，与秀丽的花溪河共同营造出独具特色的高压湿地景观。

花溪十里河滩西侧紧邻城市快速干道花溪大道，公园北入口距贵阳市中心仅10公里，在市内乘坐公交车201、202、203、204、207及小巴车89、90、109即可到达。

十里河滩湿地公园

※特别提示：

公园属于公益性公园，不设立门票。

景区观光电动车：15元/（人·次）。

电话（传真）：0851-3623593

网站：http://www.shilihetan.com

天河潭

天河潭是以喀斯特自然风光为主、历史名人隐士文化为辅的旅游景区，距贵阳市中心24公里，距贵阳龙洞堡机场28公里。它具有河谷拐曲、沟壑险峻的地貌特征，融山、水、洞、潭、瀑布、天生桥、峡谷、隐士等为一体。景区内有水洞和旱洞，水洞全长1300米，乘船游览洞内奇观，有如置身仙境；旱洞长1800米，分为两层，每层风光各异，有如天上人间。特别是二层旱洞内的景观更为奇特，洞内有一天然石桥——奈何桥，它连接在洞里两座悬崖之间，桥下是深不可测的阴潭，堪称鬼斧神工，令人叫绝。洞内满布玲珑剔透、形态各异的钟乳石。除了欣赏明媚多姿的湖光山色和神奇的溶洞奇观，在天河潭还可领略景色景物蕴藏的文化内涵，实为奇特的旅游胜地。

卧龙飞瀑

美人凼

溶洞

天生桥

景区交通

贵阳市中心距天河潭24公里，驾车从甲秀南路经金竹镇到天河潭约45分钟；花溪距天河潭13公里，驾车到天河潭约25分钟；清镇距天河潭30公里，驾车到天河潭约1小时。

可在市内乘坐 211路（河滨公园—天河潭），车费2元/人，或乘坐花溪公园—天河潭专线小巴，早上7:00～晚上19:00，15分钟一班。

门票价格

通票价格：旺季：50元/人，淡季：40元/人。

门票：旺季：10元/人，淡季：8元/人。

溜索：20元/人。

同心桥：2元/人。

※特别提示：

天河潭最佳旅游时间是4～10月，洞内常年气温保持在10～15℃。

青岩古镇

青岩古镇是一座始建于明洪武年间（1378年）的军事古镇，坐落于黔中腹地贵阳花溪的优美山水间，距贵阳市中心29公里。青岩因明朝屯兵而建镇，是由屯堡演化而来的石头城。城楼高耸入云，城墙蜿蜒逶迤，古驿道绵延壮观，城内巷道交错，青石板路幽静曲折，明清古建筑点缀，商贾云集，组成古镇浓厚的人文及生活气息。漫步其中，每一块石头似乎都在诉说着历史的沧桑，历史厚重感扑面而来。游人至此，无不领略其悠悠古韵。已上演的电视剧《长征》、《远山远水》、《雄关遗梦》；电影《寻枪》、《浪漫女孩》、《我的长征》等均在青岩实地拍摄。

定广门

背街

赵以炯状元故居 百岁坊

周恩来父亲曾居地

推荐旅游线路：北城门→龙泉寺→状元故居→赵公专祠→文昌阁→万寿宫→慈云寺→周恩来父亲曾居地→定广门。

景区交通：贵阳市内河滨公园可乘210快巴直达青岩古镇北城门，票价3元/人；也可乘车至花溪后转乘小面的到达青岩古镇，票价3元/人。

门票：通票为34元/人。

讲解费：5人以下60元/次，5人以上（含5人）80元/次。

景区管理处 ✆ 0851-3200400

高坡红岩峡谷

高坡乡是一个以苗族聚居为主的少数民族乡，位于贵阳市东南隅，距离贵阳市50公里，距花溪31公里。红岩峡谷旅游区地处高坡乡新安、石门两村境内，峡谷内红色石壁处处凸现，谷中植被茂密，并有三叶杉等珍稀植物生长。深秋时节，满山枫香的红色“看万山红遍”，让游客有“霜叶红于二月花”的意境。近邻峡谷旁的灵应寺终日香烟袅袅，朗朗佛音不绝于耳，层次梯田风光与峡谷美丽风景交相辉映。

红岩峡谷

花溪四季 SEASON

花溪风景名胜区地处云贵高原斜坡上，是冬夏季风的必经之地，属亚热带季风湿润气候，具备明显的高原气候特点，冬暖夏凉，气候宜人，春秋气候多变。年平均气温14～15℃，极端最高气温达39.5℃，极端最低气温-9.5℃。

住宿 ACCOMMODATION

花溪迎宾馆
花溪区林荫路
0851-5368000

玉龙宾馆
花溪区平桥
0851-3863865

溪山酒店
花溪区花溪大寨贵筑路32号(平桥路口)
0851-3630166，3864555

红阳宾馆
花溪区清溪路6号
0851-3638031，3853306

花溪饭店
花溪区清溪路129号(花溪公园旁)
0851-3863436

蓝天招待所
花溪区台子脚
0851-3867666

空军招待所
贵阳市花溪区清溪路（学士路口）
0851-3852758

工行干校
花溪区花谷路6号
0851-8620777

农行干校
花溪区清溪路124号
0851-3851573

移动培训中心
花溪区清溪路77号
0851-3864281

美食推荐 CUISINE

蜜汁猪肘、酸汤鱼、豆腐果、泡豆腐、豆腐皮、鸡辣角、糕粑稀饭等。

猪脚

糕粑稀饭

梵净山—太平河 风景名胜区

梵净山—太平河风景区位于贵州东北部铜仁市江口县境内，是贵州省人民政府公布的第三批省级风景名胜区（1995年），在梵净山自然保护区东南麓，属山川河岳类风景名胜区，以太平河的清澈水体和沿岸的苍劲枫杨为主要资源，兼有浓厚的土家民族风情和佛教文化氛围，是旅游梵净山的必经之地，也是生态旅游的理想场所。景区总面积75平方公里，包括太平河、鱼粮溪及黄牯山三个景区，在布局形态上呈现“组团状”分布。旅游区距江口桃映火车站26公里，距铜仁火车站51公里，距铜仁大兴机场73公里，距玉屏火车站110公里，随着杭瑞高速在景区设互通和梵净山环线的建设，可以说风景名胜区外部已形成了以公路、铁路、航空为主的立体交通网络。太平河景区以太平河河道风光及沿岸枫杨景观风光为主体，兼有土家民族风情、神秘神龙潭及其岩溶洞厅等。鱼粮溪景区包括地缝天坑、鱼粮溪峡谷、鬼门关、双笋峰、合掌石、万丈岩等。黄牯山景区包括黄牯山、夫妻岩、天师庙、射颈岩、地落水库等。其资源丰富，风景名胜类型多样，自然环境优美，河面宽，跌水多，河道弯曲，有大面积的枫杨和竹林，河水清澈、空气清晰、气候宜人，既有田园风光，又有山间野趣。是休闲度假、观赏游览的理想境地，非常适合开展漂流、野营、探险等户外运动。是最适合人居住的地方，可喻为“人间仙境”。2010年5月，世界最大弥勒金佛供奉于太平河景区内的梵净山佛教文化苑大金佛寺，8月28日，中国佛教协会副会长兼秘书长学诚大和尚率一批佛教界高僧为金佛举行了开光仪式，为梵净山—太平河景区增添了几分神秘色彩。大金佛寺也成为景区内的主要景点，佛教信众络绎不绝。

管理机构：江口县梵净山—太平河风景名胜区管理局

地址：江口县新市路住房和城乡规划建设局

邮编：554400

值班电话：0856-6628109

传真：0856-6621301

电子邮箱：jkjsjb@163.com

门户网站：

http://www.jiangkou.gov.cn

梵净山—太平河风情

MAP

梵净山—太平河风景名胜区导游图

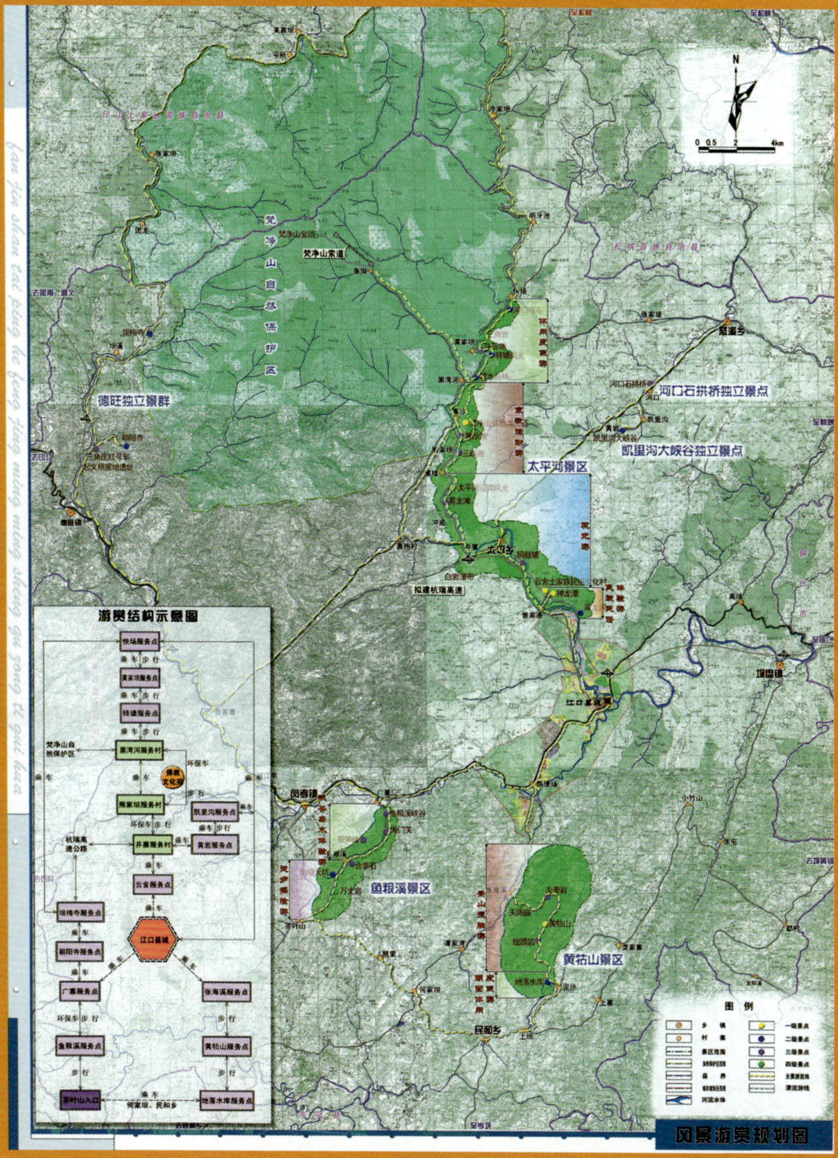

交通 出行宝典 TRANSPORTATION

（一）区外交通

铜仁的凤凰机场地处黔、湘两省交界处的贵州省松桃县大兴镇。距江口县城区73公里，距湘西州凤凰县城86公里。从江口县城到机场约1个半小时行程。

铜仁市区有火车站，乘坐便利。

县内发车地点：江口车站，快巴中型中级（约40分钟一班），票价15元／人；中型高一级（约40分钟一班），票价17元／人；行程50分钟。

铜仁发车地点：铜仁汽车站，快巴中型中级（约40分钟一班），票价15元／人；中型高一级（约40分钟一班），票价17元／人；行程50分钟。

（二）区内交通

太平河景区、鱼粮溪景区、黄牯山景区均可乘公交车进入，票价分别为8元／人、6元／人、5元／人。

旅游服务 TRAVEL SERVICE

梵净山游客中心位于江口县太平乡梵净山村，总占地面积856.3平方米，建筑面积1431.96平方米，是集景区介绍、旅游咨询、游程信息、导游服务、便民服务（邮政、通讯、失物招领、物品寄存等）、景区形象展示、游客接待、投诉处理和安全提示以及医疗服务、残疾人设施提供等多种功能为一体的综合服务基地。

游客投诉 0856-6627487

游客须知：景区内分岔路口和危险地带有警示牌，但不够全面，请游客注意。

太平河景区

精品线路

江口县城—双龙洞—云舍土家族民俗文化村（神龙潭）—铜鼓塘—梵净山佛教文化苑—转塘风光—斗笠塘—三角岩—河口瀑布—黑湾河—梵净山国家级自然保护区金顶

太平河景区以太平河沿岸风光景观为主，结合山水、溪谷、溶洞、民族村寨、佛教文化等，开展水上观光、洞厅观赏、生态享受、摄影写生等活动，全面感受太平河景区的自然风光和人为景观给你带来的巨大震撼。

太平河之冬

太平河云舍村神龙潭风光

土家掠影

云舍风雨桥

鱼粮溪景区

精品线路

广寨—鱼粮溪峡谷—鬼门关—双笋峰—鱼粮溪—合掌石—地缝天坑—万丈岩—茶叶山—县城（或黄牯山景区）

游赏主题主要分为广寨至鱼粮溪峡谷的亲水体验游和鱼粮溪至茶叶山的徒步探险游。

黄牯山景区

精品线路

张海溪—天师庙—夫妻岩—黄牯山—细颈岩—地落水库—县城（或鱼粮溪景区）

黄牯山位于江口县城东南15公里处。远望像一头高大的牯牛，当地人称为“黄牯山”。主峰黄牯顶海拔1129米。山高峻险，沟壑深切，绝壁千仞，奇异突兀，怪石嵯峨，奇丽壮观。沿岭向上攀爬，巨峰突起，俯瞰悬崖百丈，使人胆颤心惊。穿过“万丈壁”，爬上“通天梯”即登上主峰黄牯顶。再去地落水库休闲划船，让人心旷神怡。

黄牯山

特色观赏和体验 UNIQUE SCENERY & FESTIVALS

哭嫁

哭嫁是土家人婚姻中的独特形式和内容，走进云舍，浓郁的土家风情就会扑面而来，从人情礼仪到音乐歌舞，从服饰装束到饮食习惯，无不洋溢着土家文化的浓浓气息。来到寨门可喝到土家人为你敬上的拦门酒，进入寨中可观赏到土家人的婚俗表演。还可亲身体会嫁娶的全过程，包括求亲、订婚、送日子、哭嫁、接亲、拜堂、闹新房、敬茶、回门等。

傩戏傩技

“人类戏剧活化石”——傩戏傩技，源远流长，特色独具。在梵净山—太平河景区得到很好的传承。

土家摆手舞

誉之“东方迪斯科”，吃完晚饭，生起篝火，看完演出，跳起热情洋溢的摆手舞，真是让人身心愉悦，刻骨铭心。

梵净山—太平河四季 SEASON

梵净山—太平河景区冬无严寒，夏无酷暑，四季分明。空气清晰、气候宜人。春时嫩芽点绿，瀑流轻快；夏来绿荫围溪，鸟飞燕舞；秋至红叶铺山，彩林满目；冬来雪裹山峦，冰瀑如玉，晶莹剔透。

太平河景区月平均气温、降雨量和穿衣提示

月份	1	2	3	4	5	6	7	8	9	10	11	12
平均降雨量（毫米）	19	22	32	40	90	100.2	98	95	77	61.2	28	17
月平均气温（℃）	1.8	4.2	8.9	14.2	18.9	22.4	25.7	23.5	19.8	13.6	6.9	2.8
穿衣情况	羽绒衣	羽绒衣	厚毛衣	薄毛衣	薄羊毛衫	薄衣	薄衣	薄衣	薄羊毛衫	薄毛衣	厚毛衣	羽绒衣

住宿 ACCOMMODATION

梵净山—太平河风景名胜区拥有各种档次的住宿宾馆数十家，从四星级宾馆到家庭旅馆，一应俱全，洁净卫生，温暖如家。

索菲特大酒店

江口县商业街二小门口

0856–6627788

豪华标间：418元／间

天元大酒店

江口县环城东路老车站

0856–6625888

豪华标间：368元／间

麓鑫公寓

江口县双江花园小区（围子董）

0856–6627077

标准间电脑房：228元／间

金鼎时尚酒店

江口县双江花园小区（围子董）

0856–6628878

标准间电脑房：198元／间

金猴山庄

江口县太平河景区坝干

0856–6720198

标准间：118元／间

（以上价格以实际为准）

美食推荐 CUISINE

江口县雨量充沛，日照充足，气候宜人，主产水稻、玉米、红薯、洋芋、大豆、油菜、花生、烤烟、西瓜、甘蔗等。特产小吃也品种繁多，让人垂涎三尺。除了日常小吃豆腐干、牛肉干、米豆腐以外，就是美味的绿豆粉、社饭、卷粉、冰凉粉、糍粑、泡酸萝卜、油粑粑（又名为马泡）、绵菜粑、砂锅饭、烧烤、麻辣烫（卤盘）等，都是独具特色的美味佳肴。

购物指南 SHOPPING GUIDE

名优土特产品：江口牛肉干、豆腐干、特色米豆腐、梵净山绿茶、藤茶、梵净山薇菜、民和黑皮花生、干竹笋、干豇豆、野生牛肝菌等。

工艺品、旅游纪念品：梵净山紫袍玉带石、傩面具、竹器具等。

石中珍宝——紫袍玉带

余庆大乌江 风景名胜区

余庆大乌江风景名胜区属贵州省省级风景区，面积约100平方公里，景区自然环境好，无空气和水体污染，环境质量高，水陆交通方便，区位优势明显。大乌江是中原通往黔中腹地的黄金水道，荟萃高原古朴雄奇，汇集高原丰富资源，是开发、历险、回归自然的极佳选择。

大乌江有自然景观三大类十三分类，人文景观四分类九种类，共计景物景观51个，分布在连片的6个段区和2个独立景观中，即花山民族风情片区、大乌江金城峡段区、回龙场段区、沙湾段区、牛尾三滩段区、老林河片区和他山摩崖、万丈坑红军烈士墓。景区内有奇险幽深峡谷、莽莽原始森林、稀有珍奇动物、汹涌江水、奇形怪石，如森林公园、沙湾平湖、望夫岩、姊妹瀑等；有难解的历史之谜、新奇的山民风情、红色的革命经历（红军三过余庆），自然景观与人文景观交相辉映。

管理机构：余庆县风景名胜区管理局
地址：余庆县人民政府大院
电话：0852-4709266

余庆大乌江风景名胜区

余庆大乌江风景名胜区导游图 MAP

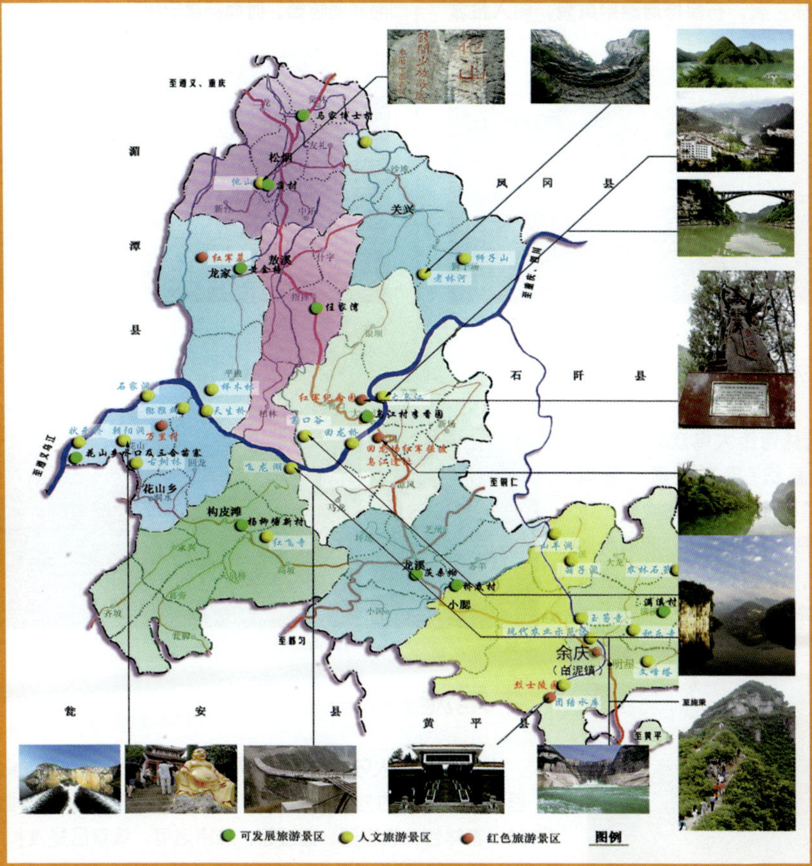

交通 出行宝典 TRANSPORTATION

余庆是西南出海大通道——成（都）北（海）高速公路的辐射区，县城距湘黔铁路杨柳塘火车站60余公里，距即将建设的黄平机场仅30公里。

金城峡

金城峡是大乌江风景名胜区具有代表性的区域。景区内变幻莫测，人迹罕至，山、水、林、泉、石保持着原始风貌。船入金城峡，仿佛笼罩在一片神秘的氛围之中，谷狭而悠长，两岸如刀斧削，沿江而下，江水时而汹涌喧嚣，时而舒缓宁静。

金城峡美景

金城峡电站坝

老林河

老林河距大乌江码头20公里，面积7平方公里。它以“奇”为特征，峭壁险峻，飞瀑垂帘，河水清澈，溶洞奇形怪状，山石巧夺天工，是旅游、探险的好去处。

老林河

明镜山

牛尾滩

牛尾滩

牛尾滩位于大乌江的下游，从将军滩到珠帘瀑，长约9公里，景区面积约为15平方公里。主要景点有将军滩、刹油滩、老林谷、赤岩壁、盔缨石、珠帘瀑等，该景区是滩长水急，峭壁陡立。

回龙场——红军长征强渡乌江回龙场战斗遗址

回龙场渡口原为余庆到湄潭的交通要道，这里是红军强渡乌江的右翼突破口。1935年1月1日，中央红军从乌江南岸以仅有的一艘船强渡乌江，奋勇击溃了驻守北岸的侯之担部队，成功地渡过乌江，顺利地召开遵义会议，从而揭开了中国革命历史的新篇章。

回龙场

如今，当年红军抢渡乌江的战斗遗址尚存，战壕遗垒隐略可见。回龙场有望夫岩、骆驼峰、迴龙渡、回龙桥、水油滩、江心石、蛤蟆石、沙水湾、龙吟石、二郎峰、仙童峰、姊妹瀑等自然景点。

回龙场雾海

沙湾码头

沙湾景区以秀为特征。景区地势开阔，风平浪静，青山、绿水、白沙相依相偎，似一幅恬淡静谧的山水画。这在以桀骜不驯闻名的乌江峡谷中是极为罕见的。沙湾之秀，既在山，亦在水。山上的植被以翠绿轻柔的岩生藤竹为主，随江风妖娆起伏，倒映江中摇曳。江面时有灰鹤、鸳鸯遨翔嬉戏，泛舟江上，如游画中。沙湾景区的主要景点有仙童望月、姊妹瀑、二郎峰、霸王巡江、过江苍龙、中流砾柱、蛤蟆石等。

沙湾

张家湾

张家湾距沙湾2000多米，有响水滩、清水塘、写字岩、摩岩等诸多景点。此地盛产竹，具有造土纸的悠久历史。其原始作坊保存完好，村内的造纸房经历数代人，现在仍在使用。

朝阳洞

朝阳洞洞内石钟乳、石笋、石鼓、石幔等景致丰富多彩，引人入胜。洞内总面积8000平方米，可容纳15000人。已经投资80余万元，设施有83步阶梯与山门、大雄殿、观音殿、财神殿、圣水殿、塑造多个神像。朝阳洞是融溶洞风光与佛教文化为一体的景点。

洪渡梯田

洪渡梯田

张公峡

张公峡

构皮湾

构皮湾

花山乡

飞龙寨

蓝天、丹霞、碧水

余庆大乌江四季 SEASON

余庆县属亚热带温润季风气候。四季分明，冬无严寒，夏无酷暑，气候温和。年平均气温为16.4℃。平均最高气温21.3℃，平均最低气温为12.9℃。霜雪不多，无霜期长达300天。雨量充沛，年平均降雨量为1056毫米。

秋色

住宿 ACCOMMODATION

余庆县大乌江风景名胜区及周边餐饮、宾馆联系册

序号	名称	星级等级	床位数	地点	联系电话	备注
1	鹏程大酒店	三星	89	县城	0852–4625868	
2	丽豪酒店	旅游定点	91	县城	0852–4625000	
3	茂源宾馆	旅游定点	48	县城	0852–4625618	
4	华友宾馆	旅游定点	30	县城	0852–4625678	
5	兴源宾馆	旅游定点	55	县城	0852–4623128	
6	红华宾馆	旅游定点	44	县城	0852–4626877	
7	八一宾馆	旅游定点	30	县城	0852–4706513	
8	林湖宾馆	旅游定点	107	县城	13158212388	
9	政府招待所	旅游定点	34	县城	0852–4623176	
10	888大酒店	旅游定点	89	县城	13096758888	
11	东方宾馆	旅游定点	59	县城	0852–4624128	
12	广电酒店	三星	60	县城	0852–4626888	
13	鸿鑫宾馆	旅游定点	32	县城	0852–4625322	
14	永平旅社	旅游定点	48	县城	0852–4625498	
15	红河宾馆	旅游定点	22	龙溪镇	13511858966	
16	余忠大酒店	旅游定点	32	龙溪镇	13984507248	
17	奥特丽宾馆	旅游定点	24	龙溪镇	15286135888	
18	鸿源宾馆	旅游定点	46	大乌江镇	0852–4627508	
19	乡里人家	旅游定点	16	大乌江镇	15934648633	
20	元亨宾馆	旅游定点	40	构皮滩镇	0852–4723898	
21	大富豪酒店	旅游定点	24	构皮滩镇	0852–4723788	
22	东晨宾馆	旅游定点	40	构皮滩镇	15185200288	
23	金辉宾馆	旅游定点	26	构皮滩镇	0852–4721088	

续表

序号	名称	星级等级	床位数	地点	联系电话	备注
24	嵘胜宾馆	旅游定点	24	构皮滩镇	0852-4723088	
25	佳加家宾馆	旅游定点	31	敖溪镇	0852-4762168	
26	溪畔旅社	旅游定点	20	敖溪镇	0852-4761606	
27	怡心园	旅游定点	15	敖溪镇	0852-4761066	
28	尊豪宾馆	旅游定点	21	敖溪镇	13658526338	
29	万豪宾馆	旅游定点	23	敖溪镇	0852-4761860	
30	顺达宾馆	旅游定点	21	松烟镇	18786846819	
31	知青饭庄	三朵花	12	松烟镇	13017496963	乡村旅馆、餐馆
32	茶乡驿站	旅游定点	7	松烟镇	13668523199	乡村旅馆、餐馆
33	柳源山庄	旅游定点	16	松烟镇	13985651826	乡村旅馆、餐馆
34	宾悦客栈	旅游定点	18	松烟镇	15308520476	乡村旅馆
35	柳湖山庄	旅游定点	16	松烟镇	13985651826	乡村旅馆、餐馆
36	阳光公寓	旅游定点	6	松烟镇	18984271887	乡村旅馆
37	黄金榜	三朵花	14	龙家镇	13985634417	乡村旅馆、餐馆
38	张长福	旅游定点	8	花山乡	15186664071	乡村旅馆、餐馆
39	李仕福	旅游定点	3	花山乡	13984244628	乡村旅馆、餐馆
40	吴文平	旅游定点	7	花山乡	13595244436	乡村旅馆、餐馆
41	吴文常	旅游定点	5	花山乡	15120164210	乡村旅馆、餐馆
42	吴文刚	旅游定点	4	花山乡	15185321844	乡村旅馆、餐馆
43	王泽军	旅游定点	6	花山乡	13511844508	乡村旅馆、餐馆
44	李书平	旅游定点	3	花山乡	15085060825	乡村旅馆、餐馆
45	李祖福	旅游定点	6	花山乡	13765968339	乡村旅馆、餐馆
46	魏廷福	旅游定点	10	花山乡	13765926529	乡村旅馆
47	尹井平	旅游定点	10	花山乡	15285202304	乡村旅馆
48	王茂强	旅游定点	4	花山乡	15085009268	乡村旅馆
49	丰配琼	旅游定点	6	花山乡	15208655675	乡村旅馆
50	杨柳塘	旅游定点	10	构皮滩镇	13984522928	乡村旅馆

美食推荐 CUISINE

构皮滩灰豆腐果、徐家羊肉粉、豆花火锅、樊家羊肉、乌江鱼。

购物指南 SHOPPING GUIDE

松花皮蛋、卷姜萝卜、红金橘、苦丁茶、龙家酶豆腐、大凉山精米、大乌江泡辣椒、泥塑牛。

仁怀茅台 风景名胜区

仁怀茅台——贵州省级风景名胜区，位于贵州省西北部，赤水河中游，背靠历史名城遵义，是黔北旅游资源富集的地区之一，因红军“四渡赤水”而列入国家12个重点红色旅游区，同时列入全国30条红色旅游精品线路和全国100个红色旅游经典景区。境内自然风光和人文景观极为丰富，相互交融。已开发出盐津河旅游度假区、茅台旅游区、赤水河吴公岩旅游区3个大的综合旅游区，60多处旅游景点。

仁怀是“国酒茅台”的产地，也是中国最大的酱香型白酒生产基地，流芳溢彩、博大精深的国酒文化是“茅台之旅”的亮丽品牌；仁怀是“四渡赤水”的征战地，毛泽东在这片土地上写下了“得意之笔”，红军长征胜迹游是“茅台之旅”的重要亮点。

仁怀有规模最大的酒文化博物馆——国酒文化城，有最大的摩崖石刻汉字——美酒河，有最长的石刻龙建筑群及最大的实物广告茅台酒瓶。仁怀还有风光秀美的“盐津河”，美丽的仙女潭瀑布、奇特的岩栈口石笋、诡秘的怀阳溶洞，都能让你流连忘返。仁怀市区也有美不胜收的风景去处，绿色环保的国酒大道，乡城风光一体的绿地楼宇，酒樽雕塑坐落于街心花园，还有茅台河滨公园、国酒文化汉馆、国酒文化清馆、鲁班红军烈士陵园和仁怀博物馆。

在长江上游的赤水河畔，“中国酒都”仁怀正以独特的风姿和醇厚质朴的情怀迎接您的到来！

管理机构：仁怀市茅台风景名胜区管理所

电话：0852-2280515

地址：仁怀市盐津河景区

茅台镇全景

仁怀茅台风景名胜区导游图 MAP

交通 出行宝典 TRANSPORTATION

由遵义至仁怀70公里。市区至盐津河景区2公里，至怀阳洞景区10公里，至茅台景区7公里，至吴公岩景区50公里，至五马景区35公里，至长岗毛泽东长征驻地25公里。

旅游服务 TRAVEL SERVICE

仁怀市盐津河景区游客接待中心（投诉）：
📞 0852–2280515
贵州省茅台旅行社：
📞 0852–2228122
遵义百事能旅行社有限公司仁怀分社
📞 0852–2237611
遵义日月旅行社有限公司仁怀分公司
📞 0852–2231668
遵义百事能旅行社有限公司仁怀门市部
📞 0852–2229759

精品线路 a

酒都一日游

上午游览国酒文化城、茅台酒工艺流程，下午赴吴公岩，游览赤水河风光，摩岩石刻“美酒河”及“石刻长龙建筑群”，然后乘车至盐津河风景区，游览国酒门、盐津河大桥、巨型茅台酒瓶。

精品线路 b

国酒文化二日游

D1 上午游览盐津河大桥、巨型茅台酒瓶，下午游览怀阳洞，体验全国最长的洞中漂流，感受温泉文化（宿温泉山谷）；

D2 早餐后乘车至茅台，参观茅台国酒文化城、红军四渡赤水纪念馆、眺望茅台镇，中餐后赴吴公岩，游览赤水河风光，摩岩石刻“美酒河”及“石刻长龙建筑群”。

精品线路 c

仁怀盐津大峡谷、洞中漂流、温泉二日游

D1 游览盐津大峡谷景区、怀阳溶洞群、斑鸠岩峡谷，体验全国最长的洞中漂流，晚上品尝仁怀特色晚餐“大炖羊肉”（宿温泉山谷）；

D2 游览国酒文化城、红军四渡赤水纪念园及古镇风光，中餐后游览苗山人家。

1.泛盐津湖旅游度假区

盐津河人工湖

盐津河主河道全长约38公里，大多为峡谷地貌，两岸山势嵯峨，危岩耸峙，河谷深切，藤本繁茂。坝高100米，蓄水量为4000多万立方米，水库回水约6公里至响水岩桥下，形成面积约1350亩的人工湖，游人泛舟湖上，可领略到青、清、幽、悠的湖光山色。

盐津神韵

国酒门

国酒门建于盐津河大桥的东端，是出入仁怀市区的门户。国酒门为中国古典城楼式建筑，一殿二亭四重檐，门楼上可供人们观光游览。大门前后有四重蟠龙华表和八盏庭园华灯，两侧各有近二百米长的雕花石板栏杆，两边人行道上有三十多个椭圆形花坛。整个建筑高大气派，庄重华丽，象征着国酒茅台源远流长的历史和享誉海内外高贵典雅的气质。

国酒门

天下第一瓶

在国酒门东侧的山头上耸立着一个巨大的茅台瓶，高31.2米，直径10.2米，体积1469立方米，瓶内有螺旋楼梯可登高环眺。1997年6月，由上海大世界吉尼斯总部评为最大的实物广告，被誉为“天下第一瓶”。

怀阳溶洞群

怀阳溶洞群由许多旱洞、水洞组成，洞中有洞、洞洞相连。整个洞群中有曲折回环的长廊、宽阔空旷的殿堂、流水潺潺的暗河、千姿百态的怪石奇景。清代乾隆五十一年（1786年），仁怀县令程正坤按其位置处于县城之南而定名“怀阳洞”，并楷书此三字于入洞石壁上。古时仁怀至遵义的官道由此穿洞而过，1998年被中国洞穴学会正式命名为“国际洞穴探险基地”。怀阳洞前带碧溪，后依青峰，隐伏于重峦叠嶂之中。沿其北端石板路拾级而上，遥见削壁横陈，几疑无路可通。及至洞口，方始豁然开朗，如入桃源胜境，给人以“山穷水尽疑无路，柳暗花明又一村”的感觉。

经过实测，洞长77米，平均宽22米，高14米，洞体微曲，两端不能互视。洞内有若干小洞，大洞小洞紧紧相连，共分数层，每层迂回曲折，有路相通，略似迷宫。匍匐进入顶棚（洞顶洞），可以俯窥全洞景观。洞顶石幔千吊万挂，纵横交错，纤巧玲珑，百态千姿，有的如孔雀开屏，有的如蛟龙戏水，有的如宝塔倒垂，有的像打秋千的妙龄少女……然而最富有艺术价值的，还是洞内众多的摩崖和石刻。除毁损窃走者外，洞内尚存22幅，其中楷书14幅，行书3幅，隶书1幅，篆书3幅，岩画1幅。近200年来，过此的骚人墨客，触景生情，吟诗作文者甚多。其中较著名的有郑珍、司煜兹的《古风》，赵本敖的《五律》，张义超的《七律》，崔晦贞、周仁卿的七绝，王文垓的《怀阳洞记》等。

怀阳洞风光

“苗山人家”全国农业旅游示范点

苗山人家位于盐津湖旅游区的生界景区内，距仁怀市中心城区中枢7公里，面积约2平方公里。这里森林植被完好，鸟语花香，空气清新宜人。房屋建筑风貌为黔北民居风格，集梨园观光、瓜果蔬菜园、民族风情表演、观盐津河峡谷风光、吃农家饭等乡村旅游服务于一身。

苗乡新貌

2. 茅台旅游区

茅台酒厂工业旅游区

赤水河、茅台镇的独特气候和谷地里大量的微生物群落，外加满山满谷的矮小的“红粮”——仁怀市特殊的红高粱，是茅台酒的主要原料。茅台的环境与资源的不可复制构成了它的核心竞争力。目前在厂区开展工业观光旅游项目，正在建设的新厂区将开辟成观光型工业园。

中国酒文化城景区

中国酒文化城由中国贵州茅台酒厂（集团）有限责任公司投资近亿元兴建，占地面积40余亩。城内数十幢体现汉、唐、宋、元、明、清和现代风格的精致建筑，荟萃了国酒茅台自远古以来的发明发展史实。各式建筑鳞次栉比，连绵成城。馆内陈列着各代酒礼、酒俗、酒技、酒故、酒史、酒文、酒诗及与酒有关的重要人物故事等书画作品、雕塑、楹匾及实物，是中国酒文化的高品位综合载体，是最大的酒文化博物馆，已列入上海大世界吉尼斯之最。

中国酒文化城

茅台红军四渡赤水纪念园

四渡赤水纪念园景区是国家发改委2005年批准的国家12个重点红色旅游区之一，同时列入了全国30条红色旅游精品线路和全国100个红色旅游经典景区。该园是以1995年修建的茅台朱砂堡红军四渡赤水纪念塔景区为基础，融红色文化、赤水河地域文化于一体的旅游观光景点和红军长征精神的瞻仰地。整个景区分为主入口红色文化展示区、核心纪念区、古渡红军文化村、古窖遗址观江休闲区等几部分，占地约100亩，建筑面积43000平方米。

红军四渡赤水纪念塔

3.赤水河吴公岩旅游区

“美酒河”巨幅摩崖石刻汉字

在赤水河中游，沙滩乡境内吴公岩绝壁之上，刻“美酒河”三个大字，摩崖石刻总面积4800平方米，其中“美”字高41.2米，宽33.05米，“酒”字高31.62米，宽30.42米，“河”字高34.49米，宽32.57米。无论整个摩崖还是单个石刻汉字，均是世界之最。其字体潇洒稳健，雄放有力，1999年6月，被上海大世界吉尼斯总部评为“最大的摩崖石刻汉字”。

美酒河

吴公岩

吴公岩是因纪念清乾隆年间带领乡民疏导修浚赤水河的民间义士吴登举而得名，这里曾是“川盐入黔”的最险处，两岸崖如刀削，奇峰耸立，怪石嶙峋，各具峥嵘，摩崖石刻较多，文化内涵丰富。

石刻龙建筑群

石刻龙建筑群位于吴公岩悬崖之上，是景区的特色护栏，通体用砂石雕刻而成，分“东、南、西、北”四海龙王，每条龙身平均为200米长，总长800米，1999年6月，上海大世界吉尼斯总部授予“最长的石刻龙建筑群”称号。

古盐渡

古盐渡位于吴公岩景区“美酒河”摩崖石刻之下，是赤水河盐运史的鉴证，距今有400多年的历史，曾经是繁荣之极的赤水河盐运渡口之一。该渡口在岩石上凿成，石梯经过风吹雨打和盐水浸泡，变得洁白如玉，被称为“雪梯”。

古盐渡

住宿 ACCOMMODATION

天豪大酒店（五星）
仁怀市国酒大道
0852-2257777

国酒门温泉酒店（五星标准）
仁怀市盐津河景区
0852-2316666

名酒宾馆（三星）
仁怀市国酒大道二转盘
0852-3226999

茅园宾馆（三星）
仁怀市茅台茅台酒厂（集团）公司厂区
0852-2386290

酒都大酒店（三星标准）
仁怀市国酒大道二转盘
0852-2222222

利永宾馆（二星）
仁怀市国酒南路客车站旁
0852-2250288

霞霏温泉度假村
仁怀市坛厂镇
0852-2490149

盐津河温泉客栈
仁怀市盐津河景区
0852-2280518

购物指南 SHOPPING GUIDE

茅台酒、袋装合马羊肉、九仓香面、坪营盐菜、中华酒令扑克牌。

湄潭湄江 风景名胜区

湄潭湄江位于贵州高原北部，地处大娄山南麓，乌江北岸，在历史名城遵义东北面，距省会贵阳225公里。湄潭于明万历二十九年（1601年）建县，因县城江水环绕，城南有二水颠倒流合，弯环如眉，汇为深潭，故称湄潭。

湄潭风景优美，佳境胜地天然成趣，县内森林覆盖率达56%，誉为“璀璨的高原明珠”。当年浙大师生为此感慨：“杭州天然美，湄潭亦天然”。湄潭是遵义东线旅游的中心，拥有国家级重点文物保护单位浙大西迁办学旧址（县城、永兴共九处）、省级历史文化名镇——永兴古镇、红九军团司令部旧址、天下第一壶（吉尼斯世界纪录）、茶海生态园、省级湄江风景名胜区等。集山水、湖泊、峡谷、野生植物、溶洞、文物古迹等为一体，具有幽、秀、雄、险等特点。其中，百面水天生桥群（天桥天坑群落）属于世界稀有资源，浙大西迁文化具有唯一性。茶旅游资源丰富，以黔北民居、湄江河、农耕文化为载体的乡村旅游独具韵味。

湄潭不仅自然山水秀美，文化也很厚重，有长征文化、浙大文化、茶文化、酒文化、傩文化以及漫画艺术等。

管理机构：湄潭旅游业发展办公室
地址：湄潭县湄江镇迎湄路
邮编：564100
电话：0852—4253178
网址：http://www.gzmtlyj.cn

山水湄潭

交通 出行宝典 TRANSPORTATION

（一）区外交通

贵阳乘车到湄潭，全程225公里；重庆乘车到湄潭，全程350公里；遵义乘车到湄潭，全程74公里。

（二）区内交通

湄潭县内有班车、包车去各个景区，价格依景区远近而不等。

湄潭湄江风景名胜区导游图 MAP

区域交通图

旅游服务 TRAVEL SERVICE

旅行社

山水茶乡旅游公司

📞 0852—4230000

天下第一壶：50元/人

📞 0852—4256335

茶海生态园：

📞 0852—4386666

桃花江旅游协会：

📞 13984536664

监督电话：

📞 0852—4253178

快乐旅游公司

📞 0852—4220178

精品线路

县城(建议可在县城附近的农家乐吃饭，近观“天下第一壶”和湄潭茶山快乐大本营)—田家沟(参观黔北民居，社会主义新农村建设示范点，全国农业旅游示范点)—核桃坝(中国西部茶叶第一村，参观茶叶制作、购茶)—永兴万亩茶海—返回县城

湄江山水画廊

湄江是一条美丽的高原河，属长江流域乌江水系，纵贯湄潭县境，全长134公里，流域面积达2435平方公里，于天门峡与流经历史文化名城遵义的湘江汇合，直泻乌江大峡谷。“湄江山水画廊”沿江山水相依，烟波浩淼，湖湾争幽，画廊从黄家坝梭塘岩孔坝起始，经湄江峡龙王滩—天门峡，全长30余公里，沿途景点呈带状分布，如珍珠般串缀在河谷和湖泊两岸，是一座巨大的天然画廊。其气势恢弘的峡谷风光倒映在缓缓流动的碧绿湖水上，相映成趣，美不胜收。整座画廊上具有代表性的景物景点达20多处，天门洞、龙王滩更为国内罕见。

湄江画廊风光

天门洞

红九军团司令部旧址

湄潭红九军团司令部旧址位于县城中部，与浙大西迁陈列馆相邻。现是全国保存最好的红九军团遗址和保留红军标语最多的革命建筑物，有标语22幅。2004年，江泽民同志为其题写了“中国工农红军第九军团司令部旧址”匾牌，2005年又被纳入全国红色旅游遵义会议纪念体系。从1997年开馆以来，有20多个国家、地区和国内游客20余万人参观。

红九军团司令部旧址

茶海

湄潭凭水得名，以茶闻名。现有茶园33万余亩，是中国西部最大的茶叶生产基地，有“东到杭州喝龙井，西到湄潭品翠芽”之美誉。景区内有“一城、一壶、一节、一会、一所、一场、一村”等景点，组合绝佳。

茶海

湄江湖

湄江湖位于湄江河上游，马山镇与复兴镇境内，为20世纪50年代兴建的人工湖。长7公里，最宽处为2公里。湖区青山环抱，绿屿相望，飞鸟鸣啭，碧波荡漾，渔舟点点，人间仙境如梦似幻，是得天独厚的旅游、休闲、避暑的好去处。

湄江湖

桃花江春色

茶乡仙景

特色观赏和体验 UNIQUE SCENERY & FESTIVALS

茶旅游

茶旅游资源丰富，境内中国最大的连片茶园——永兴万亩茶海、载入吉尼斯纪录的最大实物——天下第一壶、中国西部茶叶第一村——核桃坝。

林茶相间出佳茗

乡村旅游

十余里的桃花江乡村旅游带、全国新农村建设示范点——田家沟。

田家沟

红色旅游

境内有“浙大西迁陈列馆”、红九军团司令部遗址。

湄潭湄江四季 SEASON

湄潭地形呈条形薯状，平均海拔927.7米，县城海拔756米，属亚热带湿润季风气候，四季分明，雨量充沛，气候温和。年平均气温14.9℃，年降水量为1000～1200毫米。一年四季皆可游览，最佳季节为3～11月。

春行茶香

住宿 ACCOMMODATION

湄潭大酒店

湄潭县湄江镇茶乡北路

0852-4318555

通恒大酒店

天文大道新车站转盘

0852-4257777

天壶迎宾馆

天下第一壶大茶壶内

0852-4256335

另外，湄潭县的新农村示范点大都具有乡村旅社，十里桃花江、仙谷山一带乡的村旅行社比较多，房间都是黔北新民居式建筑，周围环境优美，里面设施齐全，价格合理，是出游休闲的理想选择。

湄潭大酒店

桃花江旅游协会 13984536664

鼎盛家园 13984923789

核桃坝四品君旅游公司 0852—4386666

美食推荐 CUISINE

本地菜主要以麻辣食品为主，茶宴是一道特色，桃花鸡、青田鱼、丝娃娃、牙签肉、羊肉粉、绿豆粉等富有地方特色的风味名吃会让你大饱口福、流连忘返。

湄潭美食

购物指南 SHOPPING GUIDE

湄潭翠芽、南方嘉木茶籽油、红豆腐、茅贡米、米胚油、茶多酚等地方土特产。

雷山 风景名胜区

雷山风景名胜区位于雷山县境内，总面积63平方公里，包括西江、郎德、大塘3个景区和掌批苗寨1个独立景点。西江景区包括西江千户苗寨、西江苗年节、西江鼓藏节、大沟银匠村、上寨招龙节等5处景点；郎德景区包括郎德上寨、丹江河风光、丹江厅遗址、南猛芦笙之乡、脚猛民族风情等5处景点；大塘景区包括排卡芦笙世家、掌坳铜鼓舞、高岩峡谷、新桥短裙苗族、水上粮仓、新联爬坡节等6处景点。风景名胜区以古朴自然、特征典型、保护较好的苗族村寨及山水环境为依托，以淳厚浓郁的苗族习俗文化为特色，是人与自然和谐相处，建筑与环境有机结合的典范，是开展民族风情体验，观光游览和文化活动的，集自然景观与人文景观为一体的旅游胜地。

管理机构：雷山县旅游产业发展和风景名胜区管理局

地址：雷山县新兴大道广场小区

邮编：557100

值班电话（传真）：0855-3334366

邮箱：915110248@qq.com

西江景区管理机构：雷山县西江景区管理局

地址：雷山县西江镇西江村

电话(传真)：0855-3348511

西江千户苗寨全景

雷山风景名胜区导游图 MAP

交通 出行宝典 TRANSPORTATION

（一）区外交通

从贵阳至雷山：184公里，票价70元／人，约4小时车程。

从凯里至雷山：38公里，票价16元／人，约1小时车程，班车为25分钟一班，二级公路，全天29个班，最早7：00，最晚19：00。

从凯里至西江35公里，票价13.50元／人，班车1小时一班，最早8：40，最晚17：40。

从雷山至凯里：班车为25分钟一班，全天28个班，最早6：40，最晚18：00。

（二）区内交通

雷山至西江：36公里，票价10元，1小时车程，每天的班车为9班：最早7：50，最晚17：55。

雷山到郎德、大塘景区可在县客车站乘坐直达面包车。

西江景区接送旅游观光车：在景区验票处可乘坐，票价5元。

详情可与当地车站联系：

雷山车站 0855—3335035

西江车站 0855—3348816

旅游服务 TRAVEL SERVICE

西江景区游客中心向游客出售西江景区门票，并提供信息咨询、休息、车辆调配等服务功能。郎德景区游客中心提供歌舞及活动咨询服务，景区内旅游旺季设有流动医疗点。景区内各种标志标牌设置较好，在各类景区、路口及危险路段均设置有相应标识。

西江景区门票价格：100元/人

西江景区观光车价格：5元/人

西江景区游客中心

贵州省雷山县西江千户苗寨旅游发展有限公司

0855－3348829

精品线路

1.贵阳—凯里—西江千户苗寨—雷公山国家森林公园—雷山县城—郎德上寨—返回凯里

郎德上寨

2.贵阳—凯里—郎德上寨—雷山县城—大塘景区—雷公山—西江千户苗寨—返回凯里

大塘景区水上粮仓

西江千户苗寨

西江千户苗寨是景区内范围最大、等级最高的一个景区，位于雷山县东北部，距雷山县城36公里，有一千三百多户，寨内木质吊脚楼群依山而建，层层相叠、气势恢弘、独具特色，是全世界规模最大、保存最完整并最具有观赏价值和研究价值的吊脚楼建筑群，被授予“中国历史文化名镇”、“中国景观村落”、“全国农业旅游示范点”等称号，“以美丽回答一切 看西江知天下苗寨”是余秋雨先生西江之行的赞美之词，西江悠久的历史、古老的民风习俗、绚丽的服饰文化、精美的银饰和刺绣、原生态的歌舞、众多的节日使之成为体验和研究苗族历史文化的活化石。

西江千户苗寨夜景

西江千户苗寨风景名胜区导游图 MAP

特色观赏和体验 UNIQUE SCENERY & FESTIVALS

苗家拦路酒

每逢宾客到来，苗寨的男女老少便会在寨门口摆上香甜的米酒夹道迎接宾客，俗称“拦路酒”，要设一道、三道、五道、七道不等，最多可设十二道，十二道“拦路酒”也是苗家迎接宾客的最高礼节，身着盛装的男女老少踩着芦笙手吹奏的欢快曲调起舞，美丽的苗家姑娘敬上醇香的牛角酒。

苗家拦路酒

苗族纺纱织布刺绣作坊

西江的苗族刺绣具有独特的民族风格和艺术技巧，苗族姑娘在十几岁时就开始学习刺绣技艺，她们个个都是挑花绣朵的能手。常常将生活中的花鸟鱼虫等根据自己的想象去绣在自己的服饰上，色彩鲜艳，栩栩如生。西江的苗族刺绣技艺于2005年被列入我国第一批非物质文化遗产名录。

苗族刺绣

民族节日

雷山民族节日丰富多彩：13年举办一次的“鼓藏节”、每年举办一次的“苗年节”、“吃新节”等，都是该县苗族同胞最为隆重的节日，苗年节和鼓藏节均被列入国家级非物质文化遗产，活动期间将开展文化活动大巡游、开幕式大型歌舞（如遇鼓藏节同庆还祭鼓）演绎、展示银饰、刺绣技艺大赛、斗牛斗猪斗鸟等民间传统项目赛等系列活动。

鼓藏节

西江锦鸡舞表演

雷山四季 SEASON

雷山风景名胜区地处云贵高原向湘桂丘陵盆地过渡的斜坡地带，气候属于亚热带季风湿润气候，冬无严寒，夏无酷暑，雨量充沛，气候宜人，植被覆盖较好，水体无污染，年日照时数为1225小时，年均气温15摄氏度，无霜期260天，年平均降水量1250～1500毫米之间，主要集中在夏季6～8月。

雷山景区月平均气温、降雨量和穿衣提示

月份	1	2	3	4	5	6	7	8	9	10	11	12
月平均降雨量（毫米）	12.9	7.2	31	104.3	115.4	328.6	127	113	115.3	112.9	37.9	79.1
月平均气温（℃）	7.4	8.6	11.7	14.5	19.8	21.3	25.9	24.7	21.7	15.4	12.0	7.5
穿衣提示	厚毛衣	厚毛衣	春秋衫	春秋衫	夏衫	夏衫	夏衫	夏衫	夏衫	春秋衫	春秋衫	厚毛衣

住宿 ACCOMMODATION

雷山风景名胜区的住宿主要集中在县城及景区内的宾馆及农家乐，所列酒店价格均为挂牌价。

1.300元以上的宾馆酒店

泰穆塞尔国际大酒店（四星）

雷山县城

0855—3336666

价格：668～3888元/间

朗云台度假酒店

西江景区

0855—3219999

价格：499～1599元/间

黔森大酒店

西江景区

0855—3347909

价格:288～568元/间

西江月大酒店

西江景区

0855—2228888

价格：180～620元/间

黔森大酒店客房

阿旺朵酒店

西江景区

0855—3348969

价格：106～518元/间

2.150～300元的宾馆、酒店

圣城佳源酒店（二星）

雷山县城

0855—3336718

价格：200～300元/间

金鼎龙酒店(二星)

雷山县城

0855—3332888

价格:200～300元/间

云诚宾馆

雷山县城

0855—3333538

价格：100～200元/间

玉鑫宾馆

雷山县城

0855—3336620

价格：100～200元/间

天友宾馆

雷山县城

0855—3336279

价格:100～200元/间

3.150元以下的农家乐

木楼农家

西江景区

0855–3348100

价格：100元/人

西江饭店

西江景区

0855–3348003

价格：100元/人

苗乡旅馆

西江景区

0855–3348112

价格：80元/人

九九客栈

西江景区

15186861998

价格：60元/人

侯家荘

西江景区

13985273652

价格：50元/人

（以上价格以实际为准）

西江饭店

美食推荐 CUISINE

苗家酸汤鱼、苗家米酒、苗家鸡稀饭、鱼酱、小香羊、香猪、苗王鱼、糯米粑等。

西江长桌席

农家乐菜肴

购物指南 SHOPPING GUIDE

名、优、土特产品：

银球茶、脚尧茶、天麻、山野菜、米酒等。

银球茶

工艺品、旅游纪念品：

银饰、刺绣、蜡染、芦笙、竹木器具等。

银饰

贵州屋脊赫章韭菜坪 风景名胜区

贵州屋脊赫章韭菜坪风景名胜区位于毕节市赫章县境内，分布在威奢乡、兴发乡、珠市乡，以贵州屋脊赫章韭菜坪为中心，包括大韭菜坪、小韭菜坪、阿西里西大草原三个景区，主峰“贵州屋脊”韭菜坪2008、2009年连续被评为“中国十大避暑名山”；景区以“阿西里西，乌蒙神韵，夜郎奇秀”和“全球变暖，我自清凉”为主题，融自然风光、历史古迹、民族风情于一体。

阿西里西有堪称地球上唯一的紫蓝色韭菜花海，花期时，千亩连片的韭菜花，使整个山体成了韭菜花的海洋，醉人心脾的韭菜花香，扑鼻而来，沁润着您的嗅觉器官；这里有喀斯特大密宫 “盆景石林”、“迷宫石林”、“水冲石林”、“象形石林”呈现在您的眼前，让您感受大自然鬼斧神工的魅力；这里有“风吹草低现牛羊”的草原景观，十万大山（万峰林）、迎水河一线天、响水河大天坑等奇特景观；这里有丰富的民族民间文化、欢快的《铃铛舞》、动听的《阿西里西》歌、古老的彝族文字等向你展示悠久的民族历史文化；这里是南方的一颗翡翠、一珠珍宝，是留给天下人最后的一方净土，它无比神奇、无比旷达，是乌蒙山里新发现的一朵奇葩；这里山中有画，画中有山……

管理机构：赫章县阿西里西风景名胜区管理处

地址：贵州省赫章县城关镇龙泉路

邮编：553200

值班电话：0857–3222826

传真：0857–3222826

电子邮箱：gzhzlyj@126.com

大韭菜坪

交通 出行宝典 TRANSPORTATION

阿西里西风景名胜区距省会贵阳306公里，距地区行政中心所在地毕节96公里，326国道、212省道可直接通达景区，交通便捷，路况良好。区外至阿西里西风景区的交通主要有：

1. 贵阳→毕节→赫章→小韭菜坪（行程350公里）。

2. 贵阳→毕节→赫章→大韭菜坪（行程325公里）。

3. 贵阳→毕节→赫章→阿西里西大草原（行程325公里）。

4. 六盘水→赫章→小韭菜坪（行程50公里）。

旅游服务 TRAVEL SERVICE

赫章县旅游咨询服务中心是一个集购物、综合信息咨询、景区资源介绍、导游安排及其他服务项目，提供景区多种宣传资料等功能于一体的服务机构。

旅游热线服务 0857-3222826

监督投诉 0857-3228357

精品线路 a

赫章县城—赫章国家级森林公园水塘景区—小韭菜坪省级风景名胜区（2日游）

小韭菜坪景区

小韭菜坪景区位于珠市彝族乡境内，平均海拔2550米，景区规划总面积26.5平方公里，由贵州屋脊小韭菜坪（2900.6米）、洛布石林（又称夜郎石林）、高原竖井溶洞、天然万亩草场及彝族村寨五部分组成。景区风光绮丽独特，高原风光浓郁，登贵州屋脊小韭菜坪顿感一览众山小，时而云蒸霞蔚，时而碧空万里，各种景象尽收眼底；石林造型各异，石树（藤）相生，状如盆景，瑰丽秀巧。

小韭菜坪

精品线路 b

国家森林公园平山景区—阿西里西大草原景区—兴发乡大韭菜坪景区（2日游）

阿西里西大草原

阿西里西大草原位于赫章县威奢南线的营盘、大寨村，南至兴发乡小海、鹰嘴村，主景区在威奢、兴发两个乡。整个景区近100万亩，平均海拔2300米以上，最高峰雨磨山海拔2447米，素有“赫章亚峰”之称。景区内有帅印山、六合门、女貌山、土地公、梳妆塘、吹风岭、跑马坪、情人溪、杜鹃林、斧劈岩、双乳峰、小天坑、赛歌台、点将台、月亮洞、燕子岩、擦耳岩、软石洞、古驿道、测风塔等景观。

大韭菜坪景区

大韭菜坪主景区位于赫章县兴发乡，距县城30公里，面积近30平方公里，每年农历七至八月，近万亩形如球状的韭菜花竞相绽放。农历八月初五，赫章及纳雍、威宁等地的上万名苗族同胞都会相聚韭菜坪，载歌载舞欢庆“苗族花山节”，怀揣梦想的青年男女在这上天恩赐的人间仙境寻觅梦中情人，携手共享爱情的甜蜜，使得美轮美奂的自然风光与民族文化相映成辉。

苗族花山节

特色观赏和体验 UNIQUE SCENERY & FESTIVALS

彝年大节

即旧岁终结而新年的初节。彝历天地人三统，一为天数，二为地数，三为人数，三三而九，反本为一，而天数开于子，地数辟于丑，人数生于寅，因此，订立三天新年大节。初一日子时祭拜天年日数的交生，初二日丑时祭拜地月日数开始行运，初三日寅时祭拜人道元气的起运。

彝族火把节

彝语称之为“朵扔吉”，源于彝族十月太阳历，是彝族非常古老的传统节日。在节庆现场您可以欣赏到彝族的歌舞表演、服饰展示、斗牛、赛马、摔跤、打陀螺、荡秋千等活动节目。

民族歌舞

彝族古戏撮泰吉

将彝族歌曲，按其表演场合的曲调进行分类，即有出嫁歌曲、悼念歌曲、阅阅乐章曲、祝酒歌曲、道喜歌曲、顶针歌曲、爱情歌曲、四句山歌曲调等八大类别。其中以四句山歌曲调最为丰富，一曲一调，约有170多个调子。而苗族的“矮桩舞”、“迁徙舞”则展现了古老的苗族先民于征战迁徙途中，翻山越岭、不畏艰险、团结战斗和英勇杀敌的豪气和精神。

贵州屋脊赫章韭菜坪四季 SEASON

赫章属暖温带温凉春干夏湿气候区，气温日差较大，年差较小，年均气温10～13.6℃，最高气温33.6℃，最低气温−3.0℃。年均降雨量785.5～1068毫米，全年降雨量55%集中在6～8月。

住宿 ACCOMMODATION

夜郎大酒店（三星）

0857—3238888

维尔乐宾馆（二星）

0857—3239898

名望宾馆（二星）

0857—3221513

夜郎酒店套房

美食推荐 CUISINE

赫章是旅游资源富集县，不仅民族文化底蕴深厚，而且饮食文化也非常丰富，闻名遐迩的苗家回锅肉、彝家坨坨肉、夜郎八卦鸡、全羊火锅等赫章名菜，任您随意选择。

全羊火锅

彝家坨坨肉

购物指南 SHOPPING GUIDE

地方特产：

“仁达”牌可乐猪腊肉、野马川樱桃、“仁达”牌天麻、“乌蒙山”牌核桃，“赫之林”牌苦丁茶、核桃乳、“彝神古酒”、“财神堂”牌玉米核桃糖、黔丰荞业燕麦炒面、“牛百味”牌卤汁牛肉、“牛百味”牌牛肉干、夜郎源金荞桃酒、“郎都”牌贵州三宝。

赫章核桃

苦丁茶

旅游工艺产品：

木质根艺拐杖、山核桃烟杆、民族笔筒、黄杨木烟灰缸、银饰手镯、银烟杆等。

开阳 风景名胜区

开阳风景名胜区位于贵州开阳县，2008年被国际旅游联合会评为“中国最佳生态景区”，连续三年被评为“贵州十大魅力景区”之一，誉为“喀斯特博物馆”。

南江大峡谷全长约18.4公里，落差218米，已开发龙广桥至锣鼓冲8.7公里，以发育典型、气势宏大的喀斯特峡谷风光，类型多样的瀑布群，优越的生态为特色，集奇峰、峡谷、峭壁、断崖、瀑布、跌水、钙华、溪泉、巨石、喀斯特森林于一峡，纳奇、险、雄、秀、野、幽、奥为一体，风光旖旎，景象万千，具有很高的美学、科学和旅游价值。目前已开发有挑战自我、有惊无险的生态峡谷漂流、美丽雄浑栈道观光、畅游鸳鸯湖观赏美丽鸳鸯群落以及充满刺激的CS真人野战体验拓展项目。

管理机构：开阳县城乡住房建设局
邮编：550300
地址：贵州省开阳县南江乡龙广村
电话：0851-7524258
传真：0851-7524090
网址：www.nanjiangtour.com

仙境

交通 出行宝典 TRANSPORTATION

南江大峡谷南距省城贵阳仅39公里，北距开阳县城20公里，交通非常便捷。

贵阳方向的游客，在贵阳金阳客车站乘车，上午8点一班，下午2点一班，直达景区门口，也可以从贵阳新添寨乘坐乌当到上马场的班车，再乘坐8公里摩的即可到达景区；自驾车从贵阳乌当上贵开高等级公路，39公里至景区，在南江出口下，即可到达。

遵义方向的游客可沿贵遵高速公路到达久长→开阳→南江（大约100公里），也可以通过遵义→南白→尚稽→楠木渡（下马场）→开阳→南江线路到达本景区。

MAP

开阳风景名胜区导游图

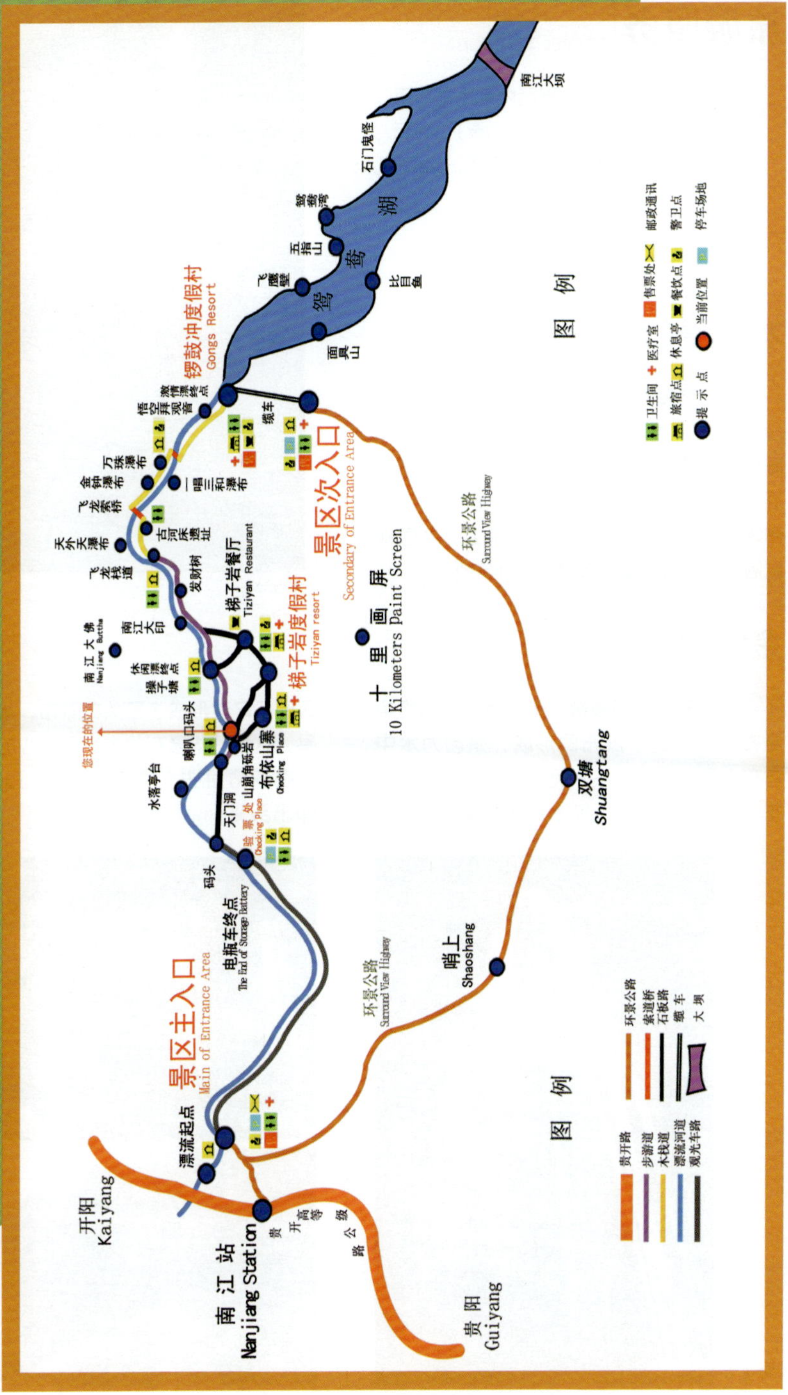

旅游服务 TRAVEL SERVICE

观光门票68元，包含景区内电瓶车费用。

激情漂流（8公里，含观光门票）168元/人。

休闲漂流（5公里，含观光门票）148元/人。

水落亭台

水落亭台瀑

水从高高的岩壁上流下，滴落在状若亭台的亭顶，再从亭顶上滑落下来，水珠飞溅，这座瀑布高10米，中有宽约10米的钙化层，状如蘑菇、如亭台，悬出岸壁3米之远，瀑水滴落在长满青苔的“亭”顶上，然后飘飘洒洒，落入清澈的水中，十分美妙。

金钟瀑布

金钟瀑布高16多米，是亚洲最大的钙华瀑布。这个钙华瀑布的形成，是因为水中含有大量的钙质，在水流中钙质渐渐沉淀下来，就形成了钙华，而水流从上面流下来，久而久之就形成了石头的瀑布。最有意思的是，这个钙华瀑布的中间是空心的，您可以从底下钻进去，然后从瀑布上面的洞口伸出头来。

金钟瀑布

万珠瀑布

双龟

特色观赏和体验 UNIQUE SCENERY & FESTIVALS

珍稀花卉观赏

南江峡谷内的植物种类异常丰富，根据专家们的初步调查，这里分布着400多种维管束植物，其中有不少是珍稀植物和观赏花卉。

5～6月份开花的有金樱子和软条七蔷薇。6～7月份开花的有茜草科的玉叶金花、百合科的萱草和亚麻科的青篱柴；玉叶金花是指花序四周的苞片是白色，象征玉的纯洁无瑕，而花是金黄色。7～8月份开花的有石蒜科的2个种——石蒜和黄花石蒜，它们常生长于河流两岸距水面不高的石隙和石缝中。两种植物均先开花，后长叶。石蒜开花时，10余朵花在茎顶组成圆团状伞形花序，色泽鲜红。黄花石蒜在碧波映衬下，显得既素雅又艳丽。

12月至次年1月，南江峡谷的腊梅盛开，花香袭人。风景区大门一带腊梅极多，入口处有一个著名的景点就叫做“花香十里迎游人”。

丛林野战

峡谷漂流

丛林野战训练基地

拥有全套的设备和经验丰富的教练团队，在南江可体验到战场上的刺激与体验，心惊肉跳之后您依然可以安然无恙地离开战场，有惊无险。

野战基地收费标准是每人138元/人，赠送30发子弹和装备的使用。

漂流

全天然的漂流河道，有惊无险，能在欣赏风景的同时，享受心灵的洗涤和精神的升华，是目前贵州省最有名的漂流圣地。

住宿 ACCOMMODATION

南江大峡谷宾馆都坐落于翠峰环绕、环境优雅之地，且高、中、低档齐全，现有梯子岩度假村、布依寨和锣鼓冲度假村可供游客选择，在那里您将得到热情周到的服务。

梯子岩度假村	标准间：298元/间
布依寨	标准间：268元/间
锣鼓冲	标准间：198元/间
观佛楼	标准间：468元/间

（以上价格以实际为准）

标准客房

梯子岩度假村客房外景

美食推荐 CUISINE

南江大峡谷的餐饮特色不仅吸取了黔菜“辣醇、酸鲜、香浓、味厚”的特点，而且由于景区所在地开阳县为中国富硒农产品之乡，通过富硒农产品膳食补硒，是游客的最佳选择。在南江大峡谷，吃总和稀缺元素“硒”紧紧捆绑，吃富硒面，喝富硒茶，品富硒肉……由周边农家提供的土鸡、土鸡蛋和农家饲养的本地猪及各种野菜和南江小花鱼，给游客提供富硒的生态有机餐饮。

贞丰三岔河 风景名胜区

贞丰三岔河省级风景名胜区，坐落在贵州黔西南布依族苗族自治州贞丰县，占地面积140公顷，被评为“中国避暑名山”、“贵州十大魅力景区”。景区交通便利，现有泸昆高速、汕昆高速、关兴高等级公路连接，正在兴建的惠兴高速公路也将连接景区，是自驾游爱好者的乐园。

贞丰三岔河位于贵阳至昆明的黄金旅游线上，景区景点组合良好，在600公里的黄金旅游线上拥有红枫湖、黄果树、龙宫、织金洞、马岭河峡谷、啊庐古洞、九乡、石林等8处国家级风景名胜区。景区年平均气温16.5℃，优于昆明、桂林和贵阳，是名副其实的“冬无严寒、夏无酷暑”。整个景区呈现出双乳峰、石林原生态布依文化、国家非物质文化遗产、贞观寺、名人诗碑、死海水上娱乐中心、湖滨沙滩、野营露宿、星级酒店等十大亮点，是人们亲近自然、放飞快乐、休闲度假的绝佳之地。

风景名胜区内最具特色的双乳峰因酷似大地母亲袒露的双乳而得名。据地质学家、旅游专家考证，如此比例协调、形态逼真的双乳奇峰，在中国绝无仅有，在世界上也无类似发现。

管理机构：贞丰县园林绿化和风景名胜区管理局

地址：贞丰县内环路23号

电话：0859-6617808

双乳峰

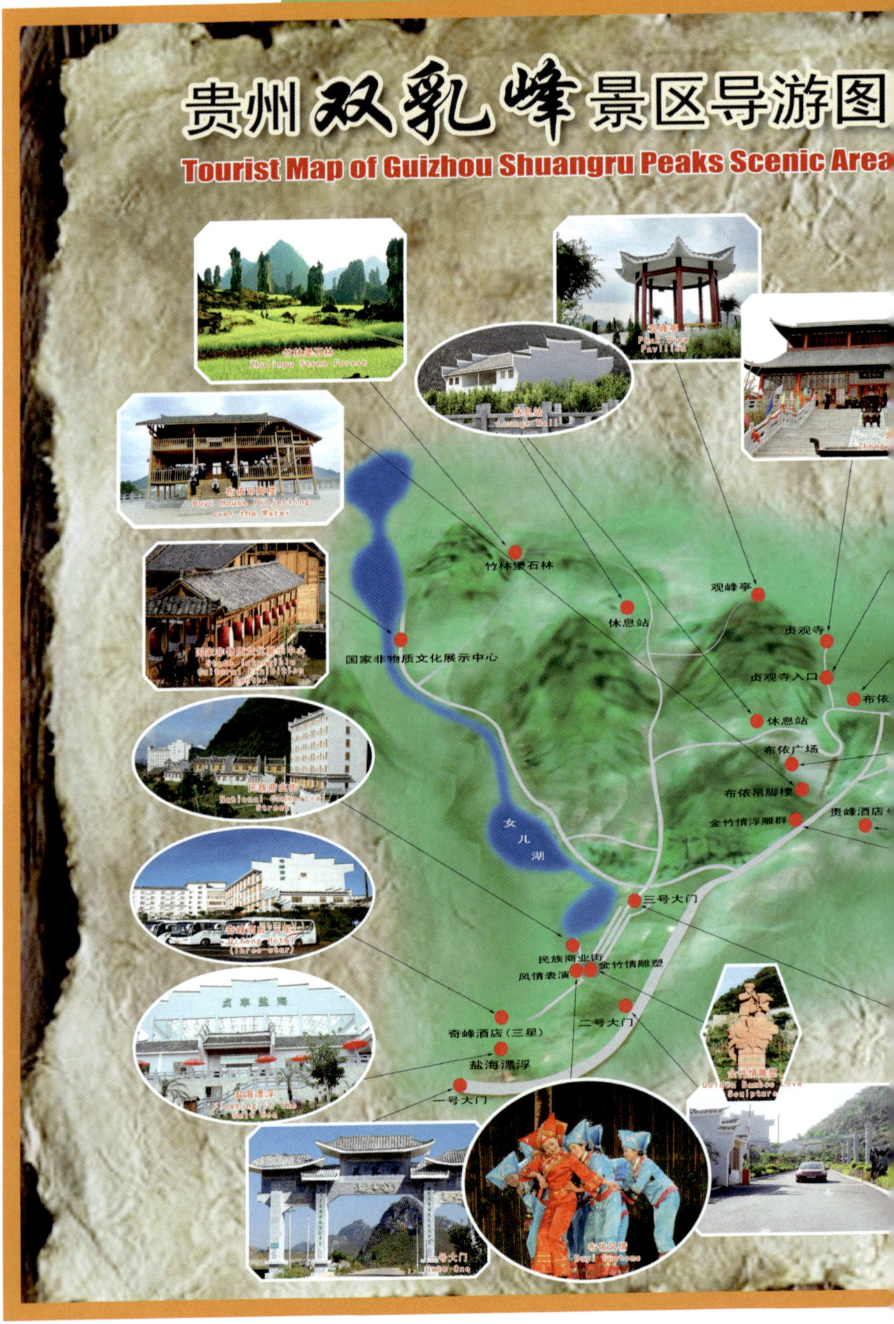
贵州双乳峰景区导游图
Tourist Map of Guizhou Shuangru Peaks Scenic Area
竹林堡石林
Zhulinpu Stone Forest
Peak View Pavilion
布依吊脚楼
Buyi House Projecting over the Water
民族商业街
National Commercial Street
奇峰酒店三星
Qifeng Hotel (Three-star)
盐海漂浮
Floating in the Salt Sea
一号大门
Gate One
布依风情
Buyi Customs
金竹情雕塑
Golden Bamboo Love Sculpture
竹林堡石林
休息站
观峰亭
贞观寺
贞观寺入口
布依
国家非物质文化展示中心
休息站
布依广场
布依吊脚楼
金竹情浮雕群
贵峰酒店
女儿湖
三号大门
民族商业街
金竹情雕塑
风情表演
二号大门
奇峰酒店（三星）
盐海漂浮
一号大门

双乳峰风景名胜区导游图

MAP

A线：贵州双乳峰、兴义马岭河、万峰林景区周末三日游（广西方向）

D1 南宁或百色经汕昆高速至安龙，参观安龙招堤十里荷花、半山亭、南明皇宫、明十八学士墓，前往布依之乡贞丰，住双乳峰景区

D2 游览天下奇观双乳峰景区、竹林堡石林、国家非物质文化遗产展示中心、佛教圣地——贞观寺等十大亮点，漂浮贞丰盐海，观布依风情表演及八音古乐演奏，参加篝火晚会，住双乳峰景区

D3 关兴高等级公路前往兴义（100KM），游览马岭河峡谷、万峰林景区后返回。或往黄果树景区参观（90KM），龙宫、天龙屯堡、织金洞等经贵阳返回。

B线：贵州双乳峰、兴义马岭河、万峰林、黄果树景区周末三日游（云南方向）

D1 昆明出发经汕昆高速至兴义（300KM），途经罗平，下午游览马岭河、万峰林，住兴义

D2 兴义至双乳峰景区，游览天下奇观——双乳峰、竹林堡石林、国家非物质文化遗产展示中心、佛教圣地——贞观寺等十大亮点，漂浮贞丰盐海，观布依风情表演及八音古乐演奏，参加篝火晚会。住双乳峰景区

D3 双乳峰景区至黄果树（90KM），途经北盘江大峡谷、亚洲第一高桥——坝陵河大桥，游览黄果树、天星桥、龙宫，经沪昆高速、晴隆二十四道拐（二战史迪威公路）返昆明。

C线：黄果树、龙宫、双乳峰景区周末三日游（重庆、贵阳方向）

D1 贵阳至黄果树景区（130KM），游览大瀑布、天星桥后至双乳峰（90KM），住双乳峰景区

D2 游览天下奇观——双乳峰、竹林堡石林、国家非物质文化遗产展示中心、佛教圣地——贞观寺等十大亮点，漂浮贞丰盐海，观布依风情表演及八音古乐演奏，参加篝火晚会，住双乳峰景区

D3 早上游览北盘江大峡谷、纳孔或纳禅布依古寨、三岔河景区；或前往兴义（100KM）游览马岭河、万峰林、万峰湖、何应钦故居等。

交通 出行宝典 TRANSPORTATION

贞丰交通便利，水运白层码头可达广西至广东出海；公路干线有贞丰至安龙公路、贞丰至兴仁公路、贞丰至册亨公路、贞丰至贵阳公路，关(岭)兴(仁)公路穿境而过，距州府(兴义)115公里、省府(贵阳)250公里，可谓水路通江达海、陆路左右逢源。

双乳峰

双乳峰风光

双乳峰因酷似成年女性袒露的双乳而得名，峰顶海拔1266米，相对高度262米，是贞丰县的地理标志。根据地质专家、旅游专家的考证，如此丰腴、硕大、比例协调、逼真得让女人看了脸红、男人看了心跳的双乳奇峰，在中国绝无仅有，在世界上亦无类似发现，因而被誉为“峰林绝品”、“天下奇观”。千百年来，当地布依族人民一直把双乳峰当做“大地母亲”和“生命之源”来崇拜，远远近近的善男信女和众多中外游客，也纷纷来此参观祭拜，求子、求财、求平安，渴望大地母亲赐福于己。

盐海

盐海拥有“中国死海”之美誉，到这里，即使是不会游泳的人也可以在水面上“人体泛舟”，或仰卧水面，或坐于水中，或仰面捧读，且水温保持与人体肌肤相适宜的恒温状态。

沙滩一角

竹林堡石林

竹林堡石林景区面积16平方公里，是典型的溶蚀喀斯特地貌的奇观，也是沧海桑田的诠释。内有“少女怀春”、“天狗盼月”、“海豚望天”、“将军出征”、“唐僧西行”、“母子情深”等栩栩如生、惟妙惟肖的石林景观，还有一棵棵擎天石柱，一尊尊奇形怪石，像一座千姿百态的盆景园，给人留下无限的遐想。

竹林堡石林

国家非物质文化遗产展示中心

贞丰县历史悠久，是中国布依族最为聚居的地区，民族民间文化源远流长，保存了许多传统的技艺，古法造纸、古法制陶、布依织布在中国绝无仅有。2005年，古法造纸、古法制陶、布依织布的生产工艺荣获首批国家非物质文化遗产保护代表。

贞观寺

贞观寺是西南地区最大的寺院，寺院致力于弘扬佛法，培养佛学后继人才，普渡众生，造福百姓，引来八方香客朝拜。

三岔河全景

特色观赏和体验 UNIQUE SCENERY & FESTIVALS

布依风情表演

布依族的生产劳作、婚丧嫁娶、接客待物、节日庆典、语言服饰、文化娱乐等生活习俗传承了远古时期的形式，具有传统而浪漫、古朴而纯真的风格。例如插秧舞、丰收舞、八音坐唱、婚嫁舞等就是对布依文化的完美诠释。每天下午三点免费观看2005年被纳入国家非物质文化遗产的八音坐唱，游客朋友们可以在这里聆听这来自于淳朴的布依族的天籁之音。还有布依吊脚楼、布依人家、金竹情浮雕都是感受原生态布依文化的理想之地。

布依风情表演

双乳峰四季 SEASON

冬暖夏凉，阳光和煦，空气清新滋润，气候舒适宜人。年平均气温为16.5℃，是名副其实的“冬无严寒，夏无酷暑”的旅游休闲地区。

双乳峰风光

住宿 ACCOMMODATION

贵峰酒店（四星）

贞丰县双乳峰景区

0859—6616999，6619819

奇峰酒店（三星）

贞丰县双乳峰景区

0859—6619619，6618559

贵峰酒店

奇峰酒店

美食推荐 CUISINE

布依香粽、贞丰糯米饭、糕粑、剪粉、荞凉粉、贞丰皮蛋、豆豉。

屯堡 风景名胜区

屯堡风景区位于安顺市区以南的18公里处。由云山屯、本寨、雷屯、小山寨等八个屯堡村寨组成，它是明初征南大军屯驻的核心区。在方圆11平方公里的青山绿水间，八个村寨分布有序，疏密得当，既可各自为战又能彼此为援，堪称军事防御体系的杰作。每个寨子都建有寨墙、碉楼，石头外墙包裹着的江南民居风格的四合院鳞次栉比，巷巷相通、户户相连，既适宜人居又利于巷战，被学者誉为“冷兵器时代的最后堡垒”。

管理机构：贵州省安顺市云峰屯堡旅游投资开发有限公司

地址：贵州省安顺市西秀区七眼桥镇云峰屯堡景区

邮编：561006

办公室电话：0853—3736165

传真：0853—3736165

景区网站：www.tp600.com

云山大屯门

交通 出行宝典 TRANSPORTATION

从贵阳至安顺云峰屯堡交通非常便利，贵阳各大汽车站均有至安顺的大巴车，票价35元，车况良好，一个半小时即可到达。到安顺后，可在安顺西客站乘坐安顺至云峰的汽车，票价5元，距离17公里，半小时车程即可在云峰屯堡博物馆门前下车。自驾车的朋友从贵阳出发后，沿清黄高速公路可在安顺东出口下路，左行经七眼桥镇至云峰，距离11公里，路况良好。

屯堡风景名胜区导游图 MAP

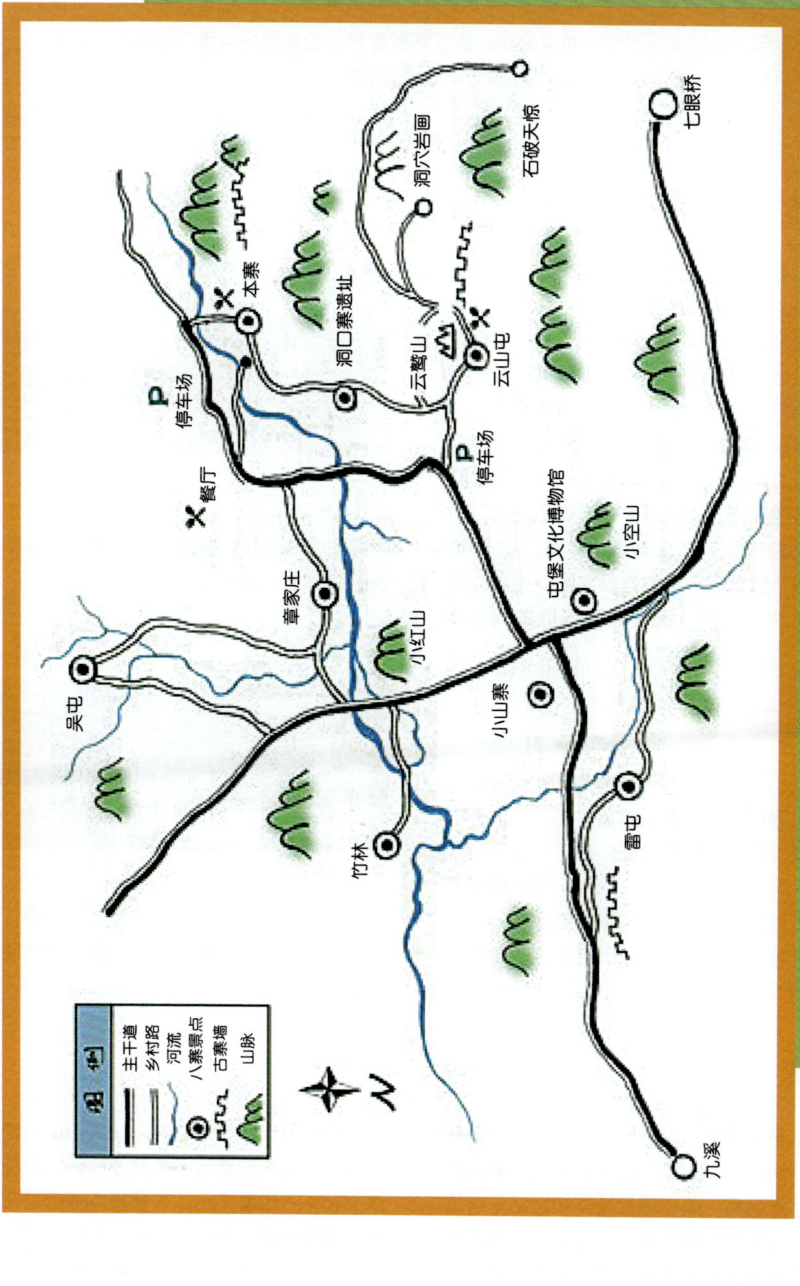

精品线路

屯堡文化历史博物馆（中国唯一的屯堡历史文化博物馆）—观看地戏表演及谜语竞猜—参加连体足球、推鸡公车、信任背投比赛—屯堡食话中餐（打糍粑、吃米粉）—游览云山屯，登云鹫寺—参观本寨古建筑群

屯堡文化博物馆

屯堡文化博物馆占地10余亩，约8000平方米。馆外大门上方有一副楹联：“六百年屯堡东望江淮传承史册千秋，九千里征程西来云贵成就江山一统”。说明当年为了大明王朝的统一，屯堡人的祖先不远万里，从江淮平原一带过来定居黔中。博物馆分室外展区、室内展区、地戏石雕艺术墙、屯堡文化墙等四部分。室内展区由“调北征南”、“定居黔中”、“江淮余韵”和“大明遗风”四个馆组成。博物馆以文物、油画、雕塑、图片、沙盘、实景再造等形式，浓缩600余年的屯堡历史，展示屯堡文化形成和发展的生动历程，是游览云峰景区的向导和说明书。

云峰屯堡文化博物馆

云山屯

云山屯浓缩了贵州600年的风云变化，它依山而建，周遭都是寨墙，易守难攻。古驿道穿屯而过，鼎盛时住户逾千。屯内遗存的古民居、街巷、寺庙、戏楼，无不展示着它曾经有过的辉煌……从军屯到商屯，从繁华到衰落，百年不变的云山屯见证了安顺乃至贵州明、清、民国三个时期社会的历史变迁。主要景点包括大屯门、明清一条街、古戏楼、财神庙、花碉、洋房、德生昌药铺、云山寺。

云山古戏楼

云鹫寺

本寨

本寨外观是“家自为塾，户自为堡，倘贼突犯，各执坚以御之”的战争建筑。寨内林立着七座碉楼，是中国标准的中世纪军事城堡，内部却是江南风格的三合院、四合院和具有军事性研究价值的巷道。本寨隐藏的秘密不仅仅体现在建筑上，还体现在每位村民的衣食住行、言行举止中， 600年的历史沉淀了屯堡的大明遗风，成就了独具特色的汉族文化——屯堡文化。主要景点包括垂花门楼、双狮院落、青龙寺、杨家大院、金家大院、月亮井、银匠世家、梅家、古碉楼、鸦片口。

本寨

古碉楼

特色观赏和体验 UNIQUE SCENERY & FESTIVALS

屯堡风俗节庆及活动

跳地戏：每年农历正月和七月表演，博物馆每天都有表演。

放河灯：农历七月十四。

玩花灯：不定时，多为男人表演，分旦角和丑角，旦角为男扮女装。

抬汪公、迎城隍：农历正月十八。

办庙会：农历正月的上元会、七月的中元会、十月的下元会三个大会，以及二月初三的白龙会、六月二十四的雷神会、腊月十九的太阳会。

过河：屯堡文化中最富有神秘色彩的风俗活动。十二年一次的祭母盛事，逢龙年举行，每个屯堡女人一生之中至少要过一次河。

住宿 ACCOMMODATION

景区内有优雅别致的云山驿馆可提供住宿。距离景区4公里的七眼桥镇，还有档次不一的乡村旅店可供选择。

美食推荐 CUISINE

正宗屯堡食话军帐宴、农家饭菜、屯堡特色小吃。

购物指南 SHOPPING GUIDE

屯堡人家手工艺品、贵州生态绿色产品、屯堡人家密制大碗驿茶。

麻江下司 风景名胜区

麻江下司风景名胜区位于黔东南州西部麻江县境内，是进入联合国教科文组织推荐的世界十大“返璞归真、回归自然”的旅游目的地首选地之一及中国十大旅游黄金热线——黔东南原生态民族文化世界旅游目的地东进第一站和西出口最后一站。

下司风景名胜区以清水江为纽带，集自然山水风光、历史文化与民族风情为一体，有景点52处。它包括清水江风光船游区，主要景物有：龙里水库风光、龙里仡佬寨、湾塘、保秧洲、桃花、岩寨等苗族村寨，河坪渔村、沙坝竹林、桃源岛、太阳岛、镰刀湾岛等度假村、下司水上活动中心等。老山河峡谷步游、漂流区 ，主要景物有：将军石、月牙潭、九曲银河、卡门、姊妹峰、千里坡、老鹰坡等。文物古迹有：下司古镇、古码头、街巷、苗族吊脚楼、夏同龢状元第、禹王宫遗址、观音阁和文昌阁，狙炸袁世凯的壮士张先培故里——巴茅冲，保秧洲讨袁护国军陆军上将都督吴传声墓等。民族风情主要有：铜鼓村苗族农民画，120多农户从事现代民间绘画，数百幅作品在国内外展出并获奖，有的被选送博物馆收藏，麻江县因此被文化部命名为“中国现代民间绘画画乡”。摆仰村苗族风情神奇古朴，原汁原味，吸引了数万中外游客观光考察，河坝瑶族歌舞与蜡染，深受广大游客赞赏与青睐。一年一度的下司龙舟赛以及赛马、斗牛、斗鸟更为广大群众所喜爱，被国家民委、国家体委表彰为全国民族体育先进单位。

管理机构：贵州省麻江县文体广电旅游局旅游产业办

地址：贵州省麻江县杏山镇党群路1号县文体广电旅游局旅游产业办

邮编：557600

清水江风光

MAP

麻江下司风景名胜区导游图

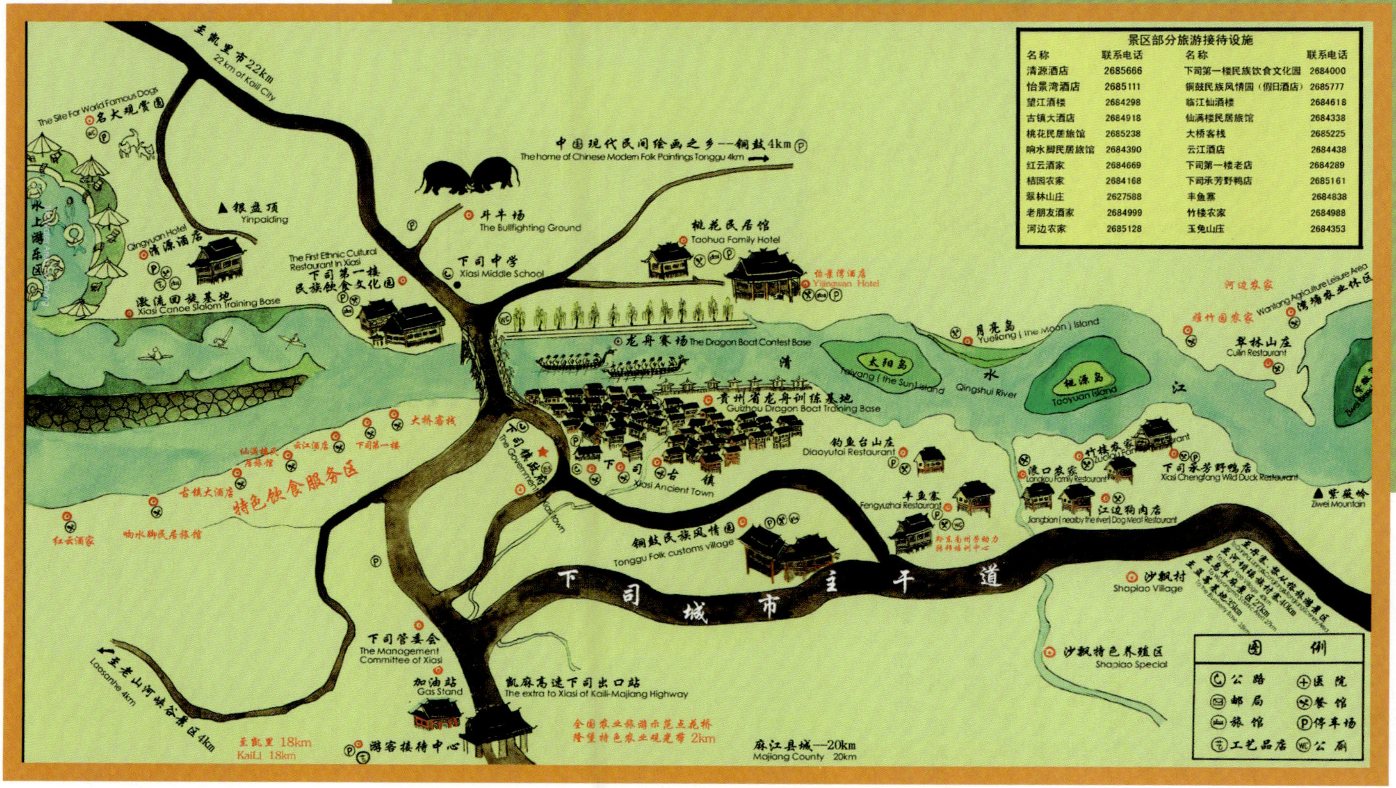

景区部分旅游接待设施

名称	联系电话	名称	联系电话
清源酒店	2685666	下司第一楼民族饮食文化园	2684000
怡景湾酒店	2685111	铜鼓民族风情园（假日酒店）	2685777
望江酒楼	2684298	临江仙酒楼	2684618
古镇大酒店	2684918	仙满楼民居旅馆	2684338
桃花民居旅馆	2685238	大桥客栈	2685225
响水脚民居旅馆	2684390	云江酒店	2684438
红云酒家	2684669	下司第一楼老店	2684289
桔园农家	2684168	下司承芳野鸭店	2685161
翠林山庄	2627588	丰鱼寨	2684838
老朋友酒家	2684999	竹楼农家	2684988
河边农家	2685128	玉兔山庄	2684353

交通 出行宝典 TRANSPORTATION

下司景区交通便利，西距省会贵阳市及龙洞堡机场128公里，离麻江县城20公里，东距黔东南州府凯里市18公里，南距黔南州府都匀市44公里，北距福泉市37公里，高速公路、快速铁路、国道、省道等交通网络纵横交织。

区域交通图

精品线路

状元故里景区——下司古镇——中国皮划艇协会贵州下司激流回旋基地“激情漂流”——民族风情篝火晚会——夜观清水江上的明珠下司古镇夜景——船游清水江——清水江水上游乐

精品线路

特色农业观光休闲体验线路

状元故里景区——“水果皇后”蓝莓基地——下司农业观光园——下司古镇——中国皮划艇协会贵州下司激流回旋基地“激情漂流”——民族风情篝火晚会——“夜观清水江上的明珠”下司古镇夜景——船游清水江——清水江水上游乐

夏同龢状元景区

夏同龢是贵州设建制以来仅有的两个文状元之一，也是我国自实行科举制度以来具有状元和出国留学双重身份的第一人。状元府旁，一雄一雌古银杏千年隔溪相望，给人以无尽遐想。

夏同龢状元第

下司古镇

素有“小上海”之称的下司古镇是黔东南州“生态旅游与文化旅游”西入口第一重镇，嘉庆13年（公元1808年），下司被辟为商埠，到民国时发展为闹市，有水陆码头，是黔中重要物资集散地。

下司古镇全景

下司激流回旋训练基地

以国家体育总局水上运动管理中心命名的中国皮划艇协会贵州下司激流回旋训练基地，是“贵州唯一、亚洲少有、世界一流”的奥运会激流回旋指定训练、比赛基地，自2006年建成以来，共承办1次国际比赛，4次国内比赛。

激流回旋国际赛

激情漂流

"水果皇后"蓝莓基地

水果皇后蓝莓采摘体验

麻江下司四季 SEASON

麻江下司属黔中亚热带湿润气候区，年平均气温16.3℃，降雨量1195.9毫米，冬无严寒，夏无酷暑，四季均可旅游。

清江水游览

住宿 ACCOMMODATION

国家激流回旋基地木屋接待中心（四星级）

清源酒店（三星级）

预订 0855–2685666

怡景湾酒店（三星级）

预订 0855–2684777

下司第一楼民族饮食文化园（二星级）

预订 0855–2684000

下司桃花民居旅馆（三朵花）

预订 0855–2685238

仙满楼民居旅馆（三朵花）

预订 2684338

下司大桥客栈（三朵花）

预订 2685225

国家激流回旋基地木屋接待中心

清源酒店

下司第一楼民族饮食文化园

美食推荐 CUISINE

下司酸汤鱼：黔东南四大名菜之一，原料取自清水江野生河鱼，加入当地米酸等调配而成，口感细嫩，汤鲜香，有祛除疲劳、美容之功效。

下司稻香狗肉：以稻草烧制狗肉清香醉人而闻名，狗肉风味醇厚细腻。

下司野鸭：清水江放养生态野鸭，脂肪极少，味美可口，是滋补野味佳肴。

复兴灰扒豆腐：以天然植物煅灰，采用么佬族民间秘方精制而成，香气浓郁，质地爽滑，风味独特，是食用、宴席、馈赠之上品。

下司酸汤鱼

下司狗肉

下司野鸭

购物指南 SHOPPING GUIDE

铜鼓农民画、瑶族枫香染、世界名犬中华名猎下司犬、苗族银饰、刺绣、金银花茶、高山野生茶、高山核桃。

铜鼓农民画

瑶族枫香染

图书在版编目(CIP)数据

中国风景名胜区游览手册⑥/中国风景名胜区协会编著. —北京：中国建筑工业出版社，2012.2
ISBN 978-7-112-13873-9

Ⅰ.①中… Ⅱ.①中… Ⅲ.①风景区—贵州省—手册②名胜古迹—贵州省—手册 Ⅳ.①K928.7-62

中国版本图书馆CIP数据核字(2011)第264506号

责任编辑：郑淮兵
责任设计：陈　旭
责任校对：肖　剑　赵　颖

中国风景名胜区游览手册⑥
贵州省
中国风景名胜区协会　编著
*
中国建筑工业出版社出版、发行（北京西郊百万庄）
各地新华书店、建筑书店经销
北京方舟正佳图文设计有限公司制版
北京方嘉彩色印刷有限责任公司印刷
*
开本：880×1230毫米　1/32　印张：6　字数：171千字
2012年10月第一版　2012年10月第一次印刷
定价：40.00元
ISBN 978-7-112-13873-9
(21890)